Klassische Schullektüre
Herausgeber: Ekkehart Mittelberg

Gerhart Hauptmann
Bahnwärter Thiel

Novellistische Studie

Lehrerheft

von Dieter Seiffert und Georg Völker

W0277091

Cornelsen

INHALT

Hinweis:
Die im Lehrerheft gegebenen Seitenverweise zu „Bahnwärter Thiel“ beziehen sich auf das Schülerheft.

Umschlaggestaltung: Matthias Mantey

2. Auflage Druck 5 4 3 Jahr 98 97

Satz: Kösel, Kempten

Druck: Saladruck, Berlin

ISBN 3-454-52205-6

Bestellnummer 522056

gedruckt auf Recyclingpapier, hergestellt aus 100% Altpapier

1. INTERPRETATION

In der 1887 entstandenen novellistischen Studie „Bahnwärter Thiel“, die auf großes Interesse der Literaturwissenschaft gestoßen ist und eine überwiegend wohlwollende Aufnahme gefunden hat, erzählt Hauptmann etwas mehr als zehn Jahre aus dem Leben eines Bahnwärters. Die Studie ist vom Autor in drei Kapitel eingeteilt. Der erste Abschnitt ist eine Art Exposition, mit der der Erzähler in sehr groben Strichen eine Kurzbiographie der Hauptfigur Thiel zeichnet. Der Leser erfährt, daß Thiels erste Frau Minna verstorben ist – sie hat ihm den Säugling Tobias zurückgelassen –, daß Thiel erneut heiratet, daß seine zweite Frau Lene – aus dieser Ehe geht ein zweiter Sohn hervor – ihrem Äußerem und ihrem Wesen nach das genaue Gegenteil von Minna ist und daß Thiel mit ihr in einer sehr gespannten Beziehung lebt. Dies rührt unter anderem auch daher, daß Thiel, der als gutmütig, ordnungsliebend und phlegmatisch beschrieben wird, von Lenes sexueller Kraft abhängig wird.

Im zweiten Abschnitt folgen ausgedehntere Schilderungen des Tagesablaufs im Hause Thiels; so wird erzählt, wie Thiel, der überraschend nach Hause zurückkehrt, miterleben muß, wie Lene seinen geliebten Tobias züchtigt. Thiel ist in seinem Inneren erschüttert, setzt sich aber nicht zur Wehr, weil Lenes sexuelle Ausstrahlung zu stark ist. Wortlos macht er sich wieder auf den Weg zu seiner Arbeitsstelle mitten im Wald. Erwähnt wird in diesem Abschnitt der Erwerb eines Ackers, der in unmittelbarer Nähe des Bahnwärterhäuschens liegt und der im dritten Kapitel zum Ort der Katastrophe wird.

Im dritten Abschnitt brechen Selbstzweifel und Schuldgefühle in Thiel abrupt auf. Er sucht Zuflucht in Visionen, in denen ihm seine erste Frau Minna als Mahnende erscheint. Zum Unglück kommt es, als Lene mit den beiden Kindern Thiel begleitet, um den Kartoffelacker zu bestellen. Tobias wird vom Zug überfahren, Thiel verfällt in Wahnsinn; er bringt Lene und seinen zweiten Sohn um und wird in die Irrenanstalt eingewiesen.

Im ersten Kapitel faßt der Erzähler zehn Jahre aus Thiels Leben zusammen; er erzählt sehr gedrängt und gibt diesem Teil der Novelle durch die berichtende Erzählweise den Charakter einer Chronik. Dadurch, daß der Erzähler stark selektiert, sich also auf die Mitteilung weniger Ereignisse konzentriert, bekommen die so ausgewählten Begebenheiten für das Verständnis der folgenden Teile wie für die Deutung der Gesamtaussage der Novelle eine besondere Bedeutung. Die Sonderstellung des ersten Kapitels wird noch dadurch verstärkt, daß der Erzähler – anders als in den Abschnitten 2 und 3, wo er stärker auf epische Objektivität bedacht ist – wesentliche Ereignisse im Leben Thiels kommentiert, also in unverschlüsselter Form dem Leser Hinweise darauf gibt, wie er Personen und Handlungen zu verstehen hat. Insofern ist der erste Abschnitt nicht nur Bericht, sondern partiell auch reflektierende Mitteilung.

Mit Beginn des zweiten Abschnitts, in dem die Vorbereitung der Katastrophe erzählt wird, ändert sich die Erzählweise. Die exakte Zeitangabe „An einem Junimorgen gegen sieben Uhr“ signalisiert, daß einzelne Handlungsphasen ausführlicher und mit größerer Akzentuierung behandelt werden, und in der Tat werden in den beiden folgenden Kapiteln Ereignisse erzählt, die sich innerhalb von nur vier Tagen abspielen. Die Erzählweise wechselt zum Szenisch-Dramatischen – teilweise unter Verwendung des historischen Präsens –, der Erzähler beschränkt sich scheinbar aufs Darstellen, er selbst tritt hinter den Geschehnissen zurück. Die szenische Erzählweise dominiert bis weit in das dritte Kapitel, um dann nach dem Tod des Tobias und den daraus erwachsenden Erschütterungen Thiels zu einem sachlich-beschreibenden Stil zurückzukehren, der den Eindruck erwecken kann, als ob der Erzähler dem Ende Thiels teilnahmslos gegenüberstünde.

Betrachtet man die Handlungslinie und erzählerische Gestaltung, dann fällt auf, daß die eigentlichen Handlungshöhepunkte, auf die hin pointiert erzählt wird, der Tod des Tobias, die Mordtat Thiels und seine Einweisung in die Irrenabteilung der Berliner Charité, keineswegs die erzählerischen Gipfel bilden, sondern nur als das konsequente Ende eines vorher angelegten zwangsläufigen Prozesses und wie beiläufig erzählenswert erscheinen. Statt dessen ragen zwei Ereignisse, die im Vorfeld der Katastrophe angesiedelt sind, deutlich heraus, nämlich Begegnungen mit zwei vorbeifahrenden Zügen, an sich für einen Bahnwärter alltägliche Vorgänge, die zudem im Vergleich mit dem Tod des Tobias, mit den Mordtaten oder dem Wahnsinn Thiels wenig dramatisches Potential enthalten, die aber durch erzählerische und sprachliche Gestaltung ins Zentrum der Novelle gerückt werden. Alles deutet darauf hin, daß Hauptmann nicht auf das Ergebnis eines Prozesses, sondern auf den Prozeß selbst, das heißt auf die entscheidenden Stationen während des Weges zu einem Verbrechen zielt.

Was wird nun erzählt, und was hebt die beiden Ereignisse so stark heraus? Thiel befindet sich nach seiner überraschenden Rückkehr zu Lene, bei der er erleben muß, wie sehr Tobias von seiner Stiefmutter drangsaliert wird, wieder an seinem Arbeitsplatz. Während er dort die üblichen monotonen Tätigkeiten verrichtet, ist „sein Geist mit dem Eindruck der letzten Stunden beschäftigt". In dieser Situation gibt der Erzähler eine ausführliche Schilderung der natürlichen und technischen Umwelt Thiels, die unmittelbar übergeht in die Schilderung der Vorbeifahrt eines Zuges. Das Ereignis findet eine Dopplung. Dem Passieren eines zweiten Zuges, das Thiel nicht weniger dramatisch erlebt, geht ebenfalls ein Naturereignis – diesmal entlädt sich ein Gewitter – voraus, dem nochmals ein Traum des Bahnwärters vorangestellt ist, dessen Inhalt aber erst nach der Durchfahrt des Zuges Thiel bewußt wird. Beide Ereignisse werden mit Thiels erster Frau Minna verknüpft; nach der ersten Vorbeifahrt denkt Thiel an Minna („‚Minna', flüsterte der Wärter, wie aus einem Traum erwacht, ...", S. 33), vor der zweiten erscheint Minna ihm im Traum, und ihr Erscheinen beschäftigt ihn im folgenden sehr nachdrücklich und bedrängend. Das, was diese Textstellen so in den Mittelpunkt rückt, ist zum einen die dichte Verknüpfung sehr unterschiedlicher Bereiche wie Natur, Traum und Technik, zum anderen das hohe Maß von sprachlicher Expressivität. Beiden Textstellen kommt Gelenkfunktion zu, weisen sie doch nicht nur auf Zukünftiges, sondern geben auch zuvor Erzähltem, das zum Teil peripher wirkte, eine neue Bedeutung.

Eine genauere Betrachtung der Schilderung zeigt, daß Thiel den Zug als ein geradezu dämonisches Wesen erfährt, dessen Ungeheuerlichkeit, bestehend vor allem in Fülle und Intensität der Bewegungsabläufe, das erste Mal akustisch, das zweite Mal dagegen als eine dominierend optische Erscheinung erlebt wird. Die Personifizierung der leblosen Technik verleiht ihr dämonische Züge. Mit der Beschreibung der Technik stehen Beschreibungen der Natur in enger Beziehung. Natur im Einflußbereich der Technik hat ihre romantischen Reize verloren. Natur strahlt zwar Erhabenheit aus, aber die Komposition der Einzelbeobachtungen, die Verben und die Farbadjektive ebenso wie das Ineinander von Natur und Bahnstrecke geben der Natur Eigendynamik, lassen die Technik als belebte Materie erscheinen, betonen die Gefährlichkeit. Der Einklang von natürlicher und technischer Umwelt im Sinne einer Existenzbedrohung für Thiel ist greifbar, als sich unmittelbar vor der Ankunft des zweiten Zuges ein Gewitter entlädt. Wie bewußt Hauptmann seine Naturbeschreibungen als Mittel der Aussageabsicht einsetzt, erkennt man, wenn man zum Vergleich seine Darstellung der Natur während Thiels Spaziergang mit Tobias an den Geleisen heranzieht (S. 39f.), wo innere Zufriedenheit des Vaters und Freundlichkeit der Natur aufs engste harmonieren und so für Augenblicke der Eindruck einer Idylle entsteht.

Beide Textstellen gehen weit über eine Beschreibung von Realität hinaus. Durch die Expressivität der Darstellung, durch zahlreiche leitmotivische Verknüpfungen innerhalb des Gesamttextes und durch deren unmittelbare Zuordnung zu den Figuren Minna und Lene entfaltet sich die Bahnstrecke zum Dingsymbol. Von Wiese schreibt: „Einmal spiegeln sich in dieser Bahnstrecke die Seelenvorgänge des Bahnwärters und seine mystischen Neigungen, zweitens spiegelt sich in ihr und durch sie die ganze, weit mehr dämonische als idyllische Natur, und drittens wird sie zum Spiegel für eine zufällige Katastrophe, die sich an diesem realen Ort vollzieht, ihre Zufälligkeit aber angesichts der beiden anderen Spiegelungen verliert und eine dunkle, höhere, schicksalhafte Bedeutung gewinnt."[1] In der Tat symbolisiert die Bahnstrecke die psychische Krise der Hauptfigur, sie spiegelt deren chaotische seelische Verfassung, ihre Zerrissenheit und ihre Unfähigkeit, mit dieser Krise umzugehen, sie möglicherweise zu bewältigen. Für den Verfall der Persönlichkeit Thiels gibt es – die Novelle ist durchaus auf Kausalität angelegt – Gründe, von denen die beiden folgenden als besonders wichtig angesehen werden können.

An erster Stelle muß auf die Bedeutung von Thiels Verhältnis zu Lene hingewiesen werden. Sein Leben ändert sich mit seiner erneuten Eheschließung radikal. Thiel, dem eine gefühlsmäßige Bindung an Lene fehlt, der Lene vielmehr aus utilitaristischen Gründen (Sicherung der Versorgung von Tobias, Arbeitskraft Lenes, geregeltes Leben) geheiratet hat und der anfangs manche ihrer Eigenarten mit Hilfe seines „unverwüstlichen Phlegmas" über sich ergehen läßt, verliert angesichts der sexuellen Reize seiner zweiten Frau sein emotionales Gleichgewicht. Durch Lenes sexuelle Macht erfährt er sich als ein triebhaftes Wesen. In dem Maße, wie er in Abhängigkeit von Lene gerät, vernachlässigt er Tobias, hält nicht die Minna gegebenen Versprechungen, verstößt gegen die selbstgesetzten, wenn auch nicht ausdrücklich formulierten sittlichen Normen und gerät so in eine aus-

1 Benno von Wiese: Die Deutsche Novelle von Goethe bis Kafka. Düsseldorf: Bagel 1959, S. 272

weglose Situation. – Insofern ist die Novelle in erster Linie gewiß eine psychologische Studie. Heerdegen ist zuzustimmen, wenn sie „eine *psychologische* Problemstellung" in „Bahnwärter Thiel" betont und dann fortfährt: „Der Bahnwärter, der durch die ‚Macht roher Triebe in die Gewalt seiner zweiten Frau' gerät und vor einer seelischen Bewährungsprobe steht, interessiert vor allem als psychologischer Typ. Trieb und Krankheit sind die treibenden Momente der Handlung. Auch die Frage nach den ‚Hilfsmitteln' in einer Situation seelischer Bedrängnis stellt Hauptmann als psychologische."[2]

Der zweite wesentliche Grund für das Scheitern Thiels liegt in dessen sozialer Lage. Hauptmann gestaltet nicht die psychische Krise eines Menschen, der im luftleeren Raum lebt, sondern der durch seine berufliche Tätigkeit definiert ist. Insofern hat der Verzicht auf den Vornamen und die Nennung der Berufsbezeichnung „Bahnwärter" an dessen Stelle im Titel der Novelle programmatische Bedeutung. – Hauptmann hat eine Figur geschaffen, der alles Heldenhafte abgeht und die in vielerlei Hinsicht, vor allem in bezug auf ihre Kommunikationsfähigkeit, retardiert wirkt. Thiel hat durchaus positive Züge. Menschlichkeit, ein ausgeprägtes, wenn auch weitgehend verborgenes Gefühlsleben, Gemüt, Verantwortungsbewußtsein zeichnen ihn aus. Sein freundlicher Umgang mit Kindern, seine Liebe zu Tobias, sein fürsorgliches Verhalten ihm gegenüber wirken rührend, machen ihn sympathisch und verraten die Zuneigung des Erzählers zu seiner Figur. Dem stehen jedoch Eigenschaften gegenüber, die wesentlich dominanter sind und die die Widersprüchlichkeit im Wesen Thiels sichtbar machen: Kontaktarmut, Sprachlosigkeit, seelische Verarmung, Pedanterie, mangelnde Spontaneität, Phlegma. Diese Charakterzüge wie auch die Tatsache, daß Thiel jedes Bewußtsein von der Brüchigkeit seiner Existenz fehlt und daß es ihm an der Fähigkeit zu Reflexion und Artikulation mangelt, machen ihn ohnmächtig und handlungsunfähig und prädestinieren ihn geradezu als Opfer. Inwieweit Thiel als Produkt von vererbten Anlagen und/oder des ihn prägenden Milieus verstanden werden muß, läßt sich mit letzter Sicherheit nicht aus dem Text erschließen. Die novellistische Form setzt der Darstellung von Entwicklungslinien Grenzen. Aber es läßt sich doch erkennen, daß die Gleichförmigkeit und Stupidität der beruflichen Tätigkeit und der durch sie geförderte Ausschluß aus dem gesellschaftlichen Leben – die weitgehende Isolierung Thiels von anderen Menschen ist besonders auffallend – eng mit Thiels Einfalt und Beschränktheit korrespondieren.

In diesem Zusammenhang muß deutlich hervorgehoben werden, daß Thiel bei der Ausübung seines Berufs auch mit moderner Technik konfrontiert wird. Bisher haben wir die Technik ausschließlich als Symbol für die inneren Vorgänge in Thiel gedeutet; sie aber nur als Symbol zu begreifen hieße, der Novelle ihr naturalistisches Gedankengut zu nehmen. Wir erleben in „Bahnwärter Thiel" auch die Begegnung eines berufstätigen Menschen mit den Bedingungen der modernen Arbeitswelt. Die Bahn und das ihr zugehörige Beiwerk, Geleise und Telegraphenstangen, werden von Hauptmann keineswegs – wie so häufig in der Literatur der Gründerjahre – als Sinnbild eines positiv zu beurteilenden technischen Fort-

2 Irene Heerdegen: Gerhart Hauptmanns Novelle „Bahnwärter Thiel". – In: Zeitschrift für deutsche Literaturgeschichte. Weimar 1958, S. 359

schritts, sondern in den Auswirkungen auf den Menschen eher negativ, ja destruktiv gesehen. Thiel erlebt die technische Umwelt seines Berufs als etwas, was den Menschen überwältigt, was alle Sinne beansprucht, als zur Materie gewordene Bewegung, die in ihrer akustischen und optischen Ausprägung als bedrohlich empfunden wird. „Ein Keuchen und Stoßen schwoll stoßweise von fernher durch die Luft. Dann plötzlich zerriß die Stille. Ein rasendes Tosen und Toben erfüllte den Raum, ..." (S. 32f.) und „Zwei rote, runde Lichter durchdrangen wie die Glotzaugen eines riesigen Ungetüms die Dunkelheit. Ein blutiger Schein ..." (S. 36) – Die Wirkung, die die Technik auf Thiel ausübt, wird konkret benannt: „Thiel fühlte ein Grauen und, je näher der Zug kam, eine um so größere Angst; ..." (S. 36) Der Mensch scheint der Technik preisgegeben. Die negative Darstellung der Beziehung des Menschen zur Technik zieht sich durch die ganze Novelle. In Thiels Leben gibt es wenig Abwechslung; überraschende Ereignisse sind zum Teil mit der Bahn verknüpft und bedeuten eine Gefährdung physischen Lebens; die Bahn erweist sich am Schluß als alles vernichtende Macht.

Wir sehen also, daß die Gründe für Thiels Scheitern nicht nur in Schwierigkeiten seiner Psyche oder privaten Existenz, etwa in seiner gestörten Beziehung zu Lene, sondern auch in seiner sozialen Lage zu suchen sind. Deutungen, Hauptmann lasse seine Hauptfigur den Mächten des Schicksals unterliegen[3], muß widersprochen werden. Die Hauptfigur scheitert an den ihr durch individuelle Dispositionen und durch Milieu gesteckten Grenzen. Es muß Hauptmann als Verdienst zugerechnet werden, daß er Zusammenhänge wenn nicht ausdrücklich formuliert, so doch nahelegt, daß er für die Katastrophe des in proletarischem Milieu lebenden Kleinbürgers Thiel Ursachen aufzeigt, somit den Ereignissen ihre Zufälligkeit nimmt und das Scheitern Thiels nicht als individuell verschuldet, sondern als sozial beeinflußt begreifbar macht.

Gibt es in der Novelle positive Gegenkräfte? Heerdegen formuliert dieses Problem als „die Frage nach einem Ausweg".[4] Die religiöse Überzeugung Thiels als ein möglicher Ausweg ist in der Novelle deutlich entwickelt, aber sie bleibt letztlich wirkungslos. Thiel versucht, mit fortschreitender Handlung Halt im rein fiktiven Bereich des Mystischen, der durch Minna repräsentiert wird, zu finden. Minna, ein asexueller Frauentyp, bildet den Gegenpol zu Lene und zu der Welt der täglichen Arbeit, in der der Mensch funktionalisiert wird. Es fällt auf, daß Thiels Beziehung zu der lebenden Minna vom Erzähler kaum gewürdigt und daß auch ihr Tod nicht als großer Verlust für Thiel erwähnt wird. Herausragende Bedeutung erlangt sie erst, als der Bahnwärter durch die Heirat Lenes eine andere Form menschlicher Beziehungen erfährt; von da an wird Minna idealisiert und zur Kultfigur. Die räumliche Trennung von Wohnung und Arbeitsplatz, zunächst ein

3 Zimmermann etwa spricht von „schicksalhaften Es-Mächte(n)", sieht elementare Kräfte am Werk. Vgl. Werner Zimmermann: Deutsche Prosadichtungen der Gegenwart. Teil I. Düsseldorf: Schwann 1962, S. 51. – v. Wiese bemüht immer wieder das Schicksalhafte, spricht davon, daß „die ganze Erzählung aus dem Wirklichen ins Geisterhafte, aus dem Zufälligen ins Schicksalhafte ... hinüberwächst". Vgl. von Wiese, a.a.O., S. 272. Bei Martini heißt es: „...; durch die Symbole spricht das Schicksal." Fritz Martini: Gerhart Hauptmann. ‚Bahnwärter Thiel'. Das Wagnis der Sprache. Stuttgart: Klett 1958^3, S. 66.

4 Heerdegen, a.a.O., S. 353

Faktum ohne tiefere Bedeutung, wird von Thiel in dem Maße gesucht, wie Minna für ihn wichtig wird. Sein Arbeitsplatz, das Bahnwärterhäuschen, wird für ihn zu einer Zufluchtsstätte. Er lebt bewußt in zwei Welten. Diese Form von „Religiosität wird im Dasein des Bahnwärters zu einem Lichtblick, sie hat für ihn die Bedeutung einer Art Utopie, in der er Zuflucht sucht. Das Versenken in seine von ihm geschaffene religiöse Vorstellungswelt aktiviert in ihm seelische Kräfte in der Abwehr der ihn bedrohenden Mächte“[5]. Es mag durchaus zutreffen, daß – wie Heerdegen weiter feststellt – „Hauptmann ... die Form seines [Thiels] religiösen Erlebens überhaupt benützt, um ansatzweise die Ideologie des religiösen Menschen gleichsam aus der alten Kirchlichkeit herauszulösen“, aber es kann nicht übersehen werden, daß dieser Versuch mißlingt und sich dieser Ausweg für Thiel als Irrweg erweist.

Zu einer Zeit, als umfassende Theorien über die menschliche Gesellschaft vorlagen, und etwa gleichzeitig mit der Entwicklung der umfassendsten Theorie über die Psyche des Menschen, nämlich der Psychoanalyse Freuds, entsteht Hauptmanns novellistische Studie, deren „Held“ das Produkt von milieubedingten Einflüssen und psychischer Veranlagung ist. Die Einflüsse der Gesellschaftstheoretiker und Freuds auf Hauptmann sind unverkennbar. In der Terminologie Freuds symbolisiert Minna das „Über-Ich“ Thiels; sie belastet ihn mit Schuldgefühlen, indem sie ihn an das nicht eingehaltene Versprechen, an die Übertretung eines bereits verinnerlichten Gebots erinnert. Die Aufgabe des Ich – der bewußten Persönlichkeit – liegt darin, zwischen den Forderungen des „Über-Ich“ und denen des „Es“ zu vermitteln. Doch „Es“ und „Über-Ich“ werden für Thiel so bedrohlich und übermächtig, daß das Ich seine Aufgabe nicht mehr wahrnehmen kann und der Weg in die Krankheit geebnet ist. In der Psychoanalyse wird das Pathologische im wesentlichen darin gesehen, daß es nicht gelingt, das richtige Gleichgewicht zwischen „Es“ und dem „Ich“, zwischen triebhaften Wünschen und den Anforderungen der Realität zu finden. Genau dies mißlingt Thiel. Seine reale soziale Existenz erweist sich als dumpf, stupid, demütigend, unschöpferisch, so daß er wegen seines Bedürfnisses nach einem besseren Leben aus der brutalen Realität in seine Wunschwelt, verkörpert durch Minna, flüchtet, um überhaupt existieren zu können. Mit der Zerstörung seiner Wunschwelt wenden sich die aggressiven Elemente des „Es“ gegen Lene, die er für die Zerstörung der Traumwelt verantwortlich macht.

Hauptmann bietet in „Bahnwärter Thiel“ keinen tragfähigen Ausweg an. Thiels Lage ist, genau besehen, frühzeitig so ausweglos, daß sein Weg in die Katastrophe determiniert zu sein scheint. Der Fatalismus ist kaum zu überbieten. Zorn über die Passivität dieses einfachen Menschen kommt auf, Trauer über den Leidensweg Thiels stellt sich ein, Verständnis für eine schreckliche Tat wird geweckt, Einsichten in die sozialen Bedingungen einer psychischen Erkrankung werden vermittelt, aber letztlich bleibt doch „nur“ Mitleid mit einer Kreatur, der jegliche Willensfreiheit fehlt. Unter anderem aus diesem Grund sind Literaturkritiker, die der Arbeiterbewegung nahestanden, mit dem Naturalismus im allgemeinen und mit Hauptmann im besonderen scharf ins Gericht gegangen. Mehring konstatiert zum Bei-

5 Heerdegen, a.a.O., S. 355

spiel: „Die bürgerlichen Naturalisten sind sozialistisch gesinnt, wie die feudalen Romantiker bürgerlich gesinnt waren, nicht mehr und nicht weniger; bei ihren zahllosen Experimentierereien halten sie sich mit heiliger Scheu jeder künstlerischen Darstellung fern, die sich auch nur von fern mit dem proletarischen Emanzipationskampfe berühren könnte."[6] An anderer Stelle sagt Mehring, daß es der Ruhm des Naturalismus sei, „daß er sich von den Lebensbedingungen der kapitalistischen Gesellschft zu emanzipieren sucht, aber es wurde sein Verhängnis, daß er auf halbem Wege stehenblieb. Er sah in der herrschenden Misere nur das Elend von heute, aber nicht die Hoffnung auf morgen".[7] Auch Lukács bemängelt, Hauptmann reproduziere wahllos und naiv alle Widersprüche der gesellschaftlichen Lage der liberalen Bourgeoisie Deutschlands, ohne diese Widersprüche als widerspruchsvoll zu erkennen. Hauptmann sei zwar in liberaler Opposition zum wilhelminischen Deutschland geblieben, habe sich gegen die Auswüchse des Systems gestellt, nicht aber gegen das System selbst.[8]

Hauptmann erweist sich auch mit seiner novellistischen Studie „Bahnwärter Thiel" in vielerlei Hinsicht als Repräsentant jener literarischen Epoche, die als „Naturalismus" bezeichnet wird. Die Wahl des Sujets, das vorherrschende Menschenbild, das die determinierte und seiner Willensfreiheit beraubte Kreatur zeichnet, die Verknüpfung menschlichen Daseins mit gesellschaftlicher Wirklichkeit, die kritische Darstellung sozialer Verhältnisse, die Entfremdung des modernen Individuums, die Vorliebe für das Alltägliche, für das Krank- und Triebhafte – das alles verrät Hauptmanns Skepsis gegenüber einer idealistischen Sicht des Menschen und ist Ausdruck seiner Verbundenheit mit naturalistischer Programmatik. Aber auch die den Naturalisten zugeschriebenen Schwächen, daß sich ihre Werke in Larmoyanz über die sozialen Verhältnisse erschöpften, daß sie unfähig seien, Einzelschicksale in politische Zusammenhänge zu stellen, daß am Ende stets Fatalismus und Ausweglosigkeit stünden, nicht aber eine programmatisch-kämpferische Perspektive eröffnet werde, gilt für den „Bahnwärter Thiel". Unübersehbar ist, daß Hauptmann teilweise in der Tradition Büchners steht, den er – wie er in seiner Autobiographie bekennt – sehr verehrt hat. Vor allem die Nähe zu Büchners „Woyzeck" ist offensichtlich. Beiden gemeinsam ist, daß sie den sprachlosen und gedemütigten Menschen darstellen. Aber Büchner zeigt – anders als Hauptmann – viel eindeutiger den von der Gesellschaft abhängigen und den Determinationen seiner sozialen Existenz ohnmächtig ausgelieferten Menschen und benennt als Verantwortliche die Repräsentanten der bürgerlichen Ordnung. Bei Büchner werden die Widersprüche in der bürgerlichen Gesellschaft klar gestaltet, im „Bahnwärter Thiel" allenfalls angedeutet.

Kann man unter thematisch-inhaltlichen Gesichtspunkten den „Bahnwärter Thiel" durchaus als ein Werk betrachten, das Zeugnis für die geistige Strömung, die wir Naturalismus nennen, ablegt, so muß dies für die künstlerische Gestaltung der Novelle verneint werden. Erzählweise, Sprache und Stil sind weit entfernt

6 Franz Mehring: [Naturalismus und proletarischer Klassenkampf] – In: Franz Mehring: Gesammelte Schriften. Bd. 11. Berlin: Dietz 1961, S. 224

7 Franz Mehring: Naturalismus und Neuromantik. – In: Franz Mehring, a.a.O., S. 229

8 Georg Lukács: Gerhart Hauptmann. – In: Die Linkskurve 4 (1932), S. 5–12. Zitiert aus G. L.: Werke. Bd. 4. Neuwied: Luchterhand 1971, S. 82 ff.

davon, dem zu entsprechen, was die Naturalisten gefordert haben. Sie streben eine weitgehende Übereinstimmung von Natur und Kunst an. Die berühmte Formel, die Arno Holz entwickelt hat, lautet: Kunst = Natur – X, wobei X für die Subjektivität des Künstlers steht, die soweit wie irgend möglich minimiert werden soll.[9]

Ganz im Gegensatz dazu ist die Subjektivität des Erzählers in „Bahnwärter Thiel" deutlich spürbar. Allein die Wahl der novellistischen Form, „deren Gestaltungsprinzipien [...] kein naturalistisches Zerfließen zulassen, ja sogar in einem gewissen Widerspruch zur naturalistischen Doktrin stehen, verweist auf eine realistische Grundlage des Werkes"[10]. Zwar folgt der Erzähler der Chronologie der Ereignisse, aber er verfügt doch sehr frei über deren Auswahl. Erzählzeit und erzählte Zeit decken sich nicht annähernd, besonders am Anfang springt die starke Raffung ins Auge. Für die deutliche Präsenz des Erzählers sprechen die Erzählerkommentare, wobei allerdings eindeutig wertende und erklärende Aussagen des Erzählers von solchen zu unterscheiden sind, in denen er sich der handelnden Personen als Medium bedient („An dem Wärter hatte man, wie die Leute versicherten, kaum eine Veränderung wahrgenommen." S. 20), um so den Eindruck größerer Objektivität zu erwecken. Auf den ersten Blick könnte die Liebe zum Detail als Annäherung an naturalistisches Erzählen verstanden werden, aber bei genauerer Betrachtung wird schnell klar, daß viele Details eine Funktion für die Gesamtaussage haben. Der Gestaltungswille des Erzählers ist unverkennbar. Am deutlichsten tritt er zutage im metaphorischen Stil, in den leitmotivischen Verknüpfungen und in der ausgeprägten Symbolik. Die Darstellungen von Thiels Umwelt bilden nicht nur Wirklichkeit ab, sondern verdichten sich zu subjektiv gefärbten Schilderungen, die die psychischen Krisen der Hauptfigur offenbaren. Außenwelt wird dadurch vom Erzähler bewußt funktionalisiert. Hauptmanns Umgang mit der empirischen Welt zeigt, daß ihm die naturalistischen Darstellungstechniken nicht genügten. Mit seiner symbolischen Erzählweise schafft sich Hauptmann ein Instrument, die Innensicht des sprachlosen und zur Reflexion kaum fähigen Thiel zur Geltung bringen zu können; Martini weist zu Recht darauf hin, daß der Erzähler hierbei „aus einer Realitäts- und Gefühlsebene (spricht), die Thiel ohne weiteres nicht zugänglich ist. Es ist unwahrscheinlich, daß Thiel so ‚poetisch' zu sehen und zu erleben vermag, wie es mit dem Einsatz erheblicher künstlerischer Mittel dem Autor gelingt. Der Erzähler ist klüger als das Medium, durch das und für das er zu sprechen beabsichtigt".[11] Einzelne Schwächen in der künstlerischen Gestaltung sind unübersehbar und weisen die novellistische Studie als ein Frühwerk Hauptmanns aus. Die Vergleiche zum Beispiel stiften öfter wegen ihrer Einfachheit keine originelle Bildhaftigkeit, zum Teil sind sie abgegriffen, die Wiederholungen von Metaphern, durch die der Erzähler Leitmotive

9 Vgl. hierzu die ausführliche Darstellung im Schülerheft, S. 70ff.

10 „Gerhart Hauptmann". Berlin: Volk und Wissen 1961[4]. (Reihe „Schriftsteller der Gegenwart"), S. 74

11 Martini: Gerhart Hauptmann. Bahnwärter Thiel. – In: Martini: Das Wagnis ..., a.a.O., S. 94

schafft und ein Geflecht von sprachlichen Bezügen über die Novellenhandlung legt, wirken vereinzelt stereotyp und anspruchslos.[12]

Bei aller Kritik an der naturalistischen Weltsicht, insbesondere an der resignativen, fatalistischen Grundstimmung, und an einzelnen Elementen der künstlerischen Gestaltung kann kein Zweifel daran bestehen, daß Hauptmann mit seiner novellistischen Studie nach Gehalt und Form ein herausragendes und, gemessen an anderer naturalistischer Epik, meisterhaftes Stück Prosa gelungen ist. Die Auslotung menschlicher Psyche, die intensive Gestaltung der Zerstörung einer Persönlichkeit und der Vereinsamung eines Menschen, die Einbettung individuellen Verhaltens in soziale Verhältnisse, aber auch die Art und Weise, wie die Novelle „über detaillierte Milieuschilderung und psychologische Seelenstudie hinauswächst und in der zum Symbolischen verdichteten Bahnstrecke eine novellistische Silhouette gewinnt“[13] geben der Novelle „Bahnwärter Thiel“ ihren besonderen Rang.

12 Kritische Anmerkungen zum Stil finden sich unter anderem bei Krämer, der zusammenfassend zur sprachlichen Gestaltung feststellt: „Bedeutung und Rang der Erzählung ... liegen kaum im Bereich sprachlicher und stilistischer Innovationen und Originalität, doch sollte trotz aller stilistischen Detailkritik nicht unterschlagen werden, daß die Erzählung von überzeugender Bildlichkeit, von großer Anschaulichkeit und Stimmigkeit ist.“ – Vgl. Herbert Krämer: Gerhart Hauptmann. Bahnwärter Thiel. München: Oldenbourg 1980, S. 48

13 Von Wiese, a.a.O., S. 283

2. DIDAKTISCHE ANALYSE

Seit ihrem Erscheinen im Jahre 1888 hat Gerhart Hauptmanns novellistische Studie „Bahnwärter Thiel“ durch die Literaturkritik und -wissenschaft große Beachtung gefunden. Schon zu Lebzeiten des Autors gehörte die Novelle zu den verbindlichen Schullektüren. Auch in den gegenwärtigen Lehrplänen, zum Beispiel denen Baden-Württembergs, Niedersachsens und Nordrhein-Westfalens, zählt sie unverändert zum Kanon der für die Klassen 9 und 10 des Gymnasiums und/oder der Realschule empfohlenen Lektüren.

Es muß erstaunen, daß eine Novelle, die ein kleinbürgerlich-proletarisches Leben behandelt, vom Bildungsbürgertum und dessen bevorzugter Bildungsinstitution, dem Gymnasium, das sich vornehmlich an den tradierten Idealen des Humanismus orientierte, so intensiv goutiert worden ist. Allein diese Tatsache stellt wenn nicht die Novelle so doch deren Rezeption unter Ideologieverdacht. Tatsächlich tragen wichtige wissenschaftliche Arbeiten, die nach 1945 erschienen sind, nicht dazu bei, diesen Verdacht zu entkräften. Unübersehbar ist, daß die außergewöhnlich erfolgreiche Wirkung der Novelle sowie ihre frühzeitige Berücksichtigung im Literaturkanon der Schulen ganz wesentlich damit zusammenhängen, daß man die soziale Dimension der Novelle weitgehend ausgeklammert bzw. verdrängt, statt dessen vorrangig den ästhetischen Reiz betont und/oder die Ursachen für das Unglück, das Thiel widerfährt, einseitig in irrationalen inneren oder äußeren Mächten gesehen hat – mit der Folge, daß Thiels Ende als schicksalhaft und allenfalls als Ergebnis individuellen Versagens, gewissermaßen als Konsequenz einer zufälligen psychischen Deformation, erscheint.

Solch einseitige Betrachtung wird weder der Novelle gerecht, noch ist sie geeignet, ihr auf Dauer einen festen Platz im Kanon der Schullektüren zu sichern. Dabei erscheint die Novelle nach wie vor als Schullektüre besonders geeignet, nur bedarf es eines veränderten interpretatorischen Ansatzes und einer Neubestimmung dessen, was die Schüler mit Hilfe der Lektüre an Einsichten gewinnen können.

Hauptmann entwirft mit seiner novellistischen Studie ein einfaches, leicht überschaubares Psychogramm eines Menschen, der in einen gesellschaftlichen Kontext eingebettet ist; der Mensch wird als Produkt von milieubedingten Einflüssen und psychischen Gegebenheiten verstanden. Die materiellen Bedingungen moderner Existenz beeinflussen die geistige und psychische Befindlichkeit. Der Mensch erscheint durch Umwelt und Psyche determiniert. Eine idealistische Sicht des Menschen, wie sie für die vorausgegangenen Epochen noch mehr oder weniger Gültigkeit besaß, ist bei Hauptmann radikal überwunden. Martini betont zu Recht,

„was Hauptmanns Erzählung entschieden von der Tradition des Realismus im 19. Jahrhundert abhebt: er hat das Gestaltungsschema der älteren Novelle umgekehrt. Die Novelle des 19. Jahrhunderts – seit Goethe – führte durch krisenhafte Gefährdung, durch den Sturz ins Ungeordnete und Chaotische, zu einer versöhnenden Ordnung des Lebens zurück. Hauptmann erzählt hingegen den unaufhalt-

samen Weg eines auf Ordnung, Friedlichkeit und Güte angelegten Mannes zum Mord ...«[1]

Insofern kann die Novelle auch als eine Einführung in Fragestellungen und Themen gewählt werden, mit denen sich die neuzeitliche Literatur nachhaltig beschäftigt.

Angesichts einer heute vorherrschenden Ideologie von der Freiheit des Individuums – die in Gegensatz steht zu allen Ergebnissen empirischer Erhebungen hinsichtlich der tatsächlichen Lage des Menschen – erscheint es durchaus sinnvoll, eine Lektüre zu besprechen, die in einer einfachen und anschaulichen Weise menschliche Freiheit vehement in Frage stellt und so die Abhängigkeit des Menschen von sozialen, psychischen und biologischen Faktoren verdeutlicht und die radikal ein versöhnliches Ende oder eine versöhnende Ordnung verneint. Hauptmann zeigt in seiner novellistischen Studie, daß die moderne Lebenserfahrung keine – wie Martini sagt – versöhnende Ordnung mehr zuläßt.

Die Bedeutung der Novelle liegt auch darin, daß sie Zeugnis ablegt für den Beginn der modernen deutschsprachigen Literatur. Sie unterscheidet sich radikal von den Werken vorangegangener Epochen der Klassik, der Romantik und des Realismus insofern, als der Mensch, bestimmt durch Milieu und Psyche, determiniert und unrettbar verloren erscheint. Mensch und Umwelt leben nicht in Harmonie, die Umwelt wird zum Feind des Menschen. Der literaturhistorische Kontext erleichtert wesentlich das Verstehen dieser Bedeutung der Novelle.

Wegen ihrer Thematik ist die Novelle ebenfalls besonders geeignet, die Schüler mit der allgemeinen Tatsache, daß es literarische Strömungen gibt, die sich zu literarischen Epochen verdichten, und mit der konkreten literarischen Epoche des Naturalismus vertraut zu machen. In der Literatur kann jedoch das Besondere (hier die Novelle „Bahnwärter Thiel") allein das Allgemeine (hier die Epoche) nicht vollständig repräsentieren. Die konkrete unterrichtliche Behandlung der Novelle erleichtert zwar den Zugang zum Allgemeinen der Epoche, reicht aber nicht aus. Deshalb enthält der Materialienteil Texte, die einen Vergleich mit anderen Werken der Epoche erlauben und die eine Einführung in Fragen und Probleme der Epoche darstellen. Somit wird eine vertiefende Einführung in die Epoche, gleichzeitig aber auch eine Abgrenzung der Novelle von den typischen Merkmalen der Epoche ermöglicht und angestrebt. In der Einordnung der Novelle in die literarische Epoche liegt somit ein weiterer Schwerpunkt der unterrichtlichen Behandlung.

Da bildende Kunst und Literatur am Ende des 19. Jahrhunderts gleiche oder ähnliche weltanschauliche Auffassungen vertreten und in ihrer spezifischen Art der künstlerischen Gestaltung zu ähnlichen Antworten gefunden haben, wird auf die Chance, den Naturalismus in der bildenden Kunst anhand ausgewählter Werke und eines theoretischen Textes in die Unterrichtsarbeit mit einzubeziehen, nicht verzichtet und fächerübergreifend unterrichtet.

Bei genauerem Lesen offenbart die Novelle eine sehr durchdachte, absichtsvoll gestaltete Struktur (Komposition, Figuren, Handlungsorte), und sie ist in ihrer

1 Martini: Gerhart Hauptmann. Bahnwärter Thiel. – In: Martini: Das Wagnis ..., a.a.O., S. 94

weiteren künstlerischen Ausformung so reich an sprachlichen Mitteln – ob ihr Einsatz immer gelungen ist, ist eine andere Frage –, daß eine Einbeziehung ästhetischer Gesichtspunkte nötig und im Hinblick auf das Ziel des Literaturunterrichts, ästhetische Sensibilität und Kompetenz zum Verstehen von Poesie seitens der Schüler zu erreichen und sie sukzessive zu erweitern, zwingend ist. Die sprachlichen und erzähltechnischen Mittel sind so bewußt und durch ihre Funktionalität für den Leser so offensichtlich eingesetzt, daß die Behandlung ästhetischer Aspekte nicht isoliert geschehen und nicht zum Selbstzweck werden kann. Die Schüler können vielfältige Beobachtungen sammeln und ein Fundament an sprachanalytischer Kompetenz und Einsichten in die Funktionalität sprachlicher Erscheinungen gewinnen. Den Sequenzen III, IV, VI, VII kommt bei der Realisierung solcher Unterrichtsziele besondere Bedeutung zu.

Sprachanalyse, Analyse der ästhetischen Gestalt und Einordnung der Novelle in die Epoche des Naturalismus greifen eng ineinander: Während unter inhaltlichen Aspekten die Novelle epochenspezifische Anforderungen erfüllt und somit ohne Schwierigkeiten der Epoche des Naturalismus zugeordnet werden kann, trifft dies für die künstlerische Gestaltung nicht zu. Hierbei treten deutlich Unterschiede zum Programm des Naturalismus auf. Durch die Analyse eines Vergleichstextes, der als Exempel für naturalistische Erzähltechnik gilt, sollen diese Unterschiede erkannt und herausgearbeitet werden.

Relevant für den Unterricht ist auch die Bedeutung der Technik in der Novelle: Die Technik symbolisiert nicht nur Thiels Seelenleben; sie konkretisiert auch in der Konfrontation Thiels mit der Technik und Industrialisierung Bedingungen moderner Arbeitswelt, denen der Mensch unterworfen ist.

Zwar weitgehend von körperlicher Arbeit befreit, gerät der Mensch doch in neue, andersartige Abhängigkeiten, die in der Novelle gezeigt werden. Für Hauptmann verkörpern in der Novelle Technik und Industrialisierung nicht den optimistischen Glauben an die Allmacht des naturwissenschaftlichen Fortschritts, wie es dem Zeitgeist entsprach; er zeigt sie in ihrer Wirkung auf den Menschen als bedrohlich und zerstörerisch. Sie befreien letztlich nicht den Menschen, sondern bescheren ihm neue Abhängigkeiten.

Insofern wird in der Novelle – trotz des Einwands, einige Probleme und Details seien infolge der enormen technischen Entwicklung überholt – grundsätzlich eine ausgesprochen moderne Beurteilung der Technik vorgenommen, denn gerade gegenwärtig erscheint der technische Fortschritt in vielen Formen als fragwürdig.

Bewußt ist darauf verzichtet worden, eine Sequenz zur Rezeption der novellistischen Studie „Bahnwärter Thiel“ zu entwickeln, weil u. E. die Rezeptionsanalyse für Schüler der Sekundarstufe I ein zu schwieriges Unterfangen wäre. Im Schülerheft sind aber fünf – mit Aufgabenstellungen versehene – Auszüge aus der Sekundärliteratur abgedruckt, die eine Möglichkeit bieten, die Schüler zum Umgang mit Sekundärliteratur zu führen und sie die Pluralität interpretatorischer Aussagen und aus dem Vergleich heraus auch deren Begrenztheit erkennen zu lassen.

Bei der Planung des Unterrichtsverlaufs ist versucht worden, die oben angesprochenen Überlegungen in konkrete Unterrichtsschritte umzusetzen. Die Unterrichtsplanung steht – zumindest wenn die Schüler den Text als Ganzes kennen –

vor der Schwierigkeit, daß die Schüler dazu neigen, die Novelle ausschließlich als eine Krankheitsgeschichte zu verstehen. Es ist schwer, den Facettenreichtum der Hauptfigur und des Textes zu vermitteln und eine Sequenzialität herzustellen. Um einer oberflächlichen Betrachtung (monokausale Kette: abnorme Persönlichkeit/Krankheit – Verbrechen) entgegenzuwirken und um den gesellschaftskritischen Ansatz der novellistischen Studie von Anfang an ins Bewußtsein der Schüler zu heben, wird in Sequenz I, zum Teil auch in Sequenz II versucht, durch eine Analyse und Besprechung des Milieus die sozialen Determinanten der Thielschen Existenz zu erarbeiten. Die Schüler sollen Thiel zunächst gewissermaßen als homo oeconomicus und homo sociologicus sehen. Erst danach werden sie sich intensiver mit den inneren Konflikten der Hauptfigur befassen; die Annäherung an die Hauptfigur mit einer psychologischen Fragestellung geschieht also erst in einem zweiten Schritt.

Dabei sollten die Schwierigkeiten für Schüler der Mittelstufe nicht unterschätzt werden. Insbesondere die Sexualproblematik erschließt sich ihnen nur schwer. Trotz Aufklärung und Sexualkundeunterrichts sollte diese Thematik, wie in den Sequenzen II–IV dargelegt, behutsam behandelt werden, um allen Schülern eine Teilnahme am Unterrichtsgeschehen zu ermöglichen.

Die soziologischen und psychologischen Betrachtungen werden in Sequenz VIII zusammengeführt, um das in der Novelle vermittelte Menschenbild herausarbeiten zu können, dem im Hinblick auf die Bedeutung der Novelle eine zentrale Stelle zukommt. Hierbei geht es um die determinierende Wirkung von Milieu und Psyche auf den Menschen und auf seine Handlungen.

Der Lehrerband zeigt das Konzept einer abgeschlossenen Unterrichtseinheit. Aus dem umfassenden Angebot kann der Lehrer im Hinblick auf die Schüler das auswählen, was seinen Intentionen und/oder den Schülerinteressen entspricht. Die Konzeption der Unterrichtseinheit ermöglicht das Herauslösen einzelner Sequenzen oder von Einzelaspekten aus dem Zusammenhang und ihre isolierte unterrichtliche Behandlung. Reihenfolge und Auswahl der Themen sind nicht zwingend festgelegt. So ist z. B. denkbar, daß der Lehrer mit Fragestellungen beginnt, wie sie in Sequenz VIII formuliert sind.

Die vorliegende Unterrichtseinheit kann auch weiteren fachspezifischen und fächerübergreifenden Rahmenthemen zugeordnet werden, z. B. den Themen „Der Naturalismus in der bildenden Kunst", „Soziale und psychologische Fremdbestimmtheit", „Industrialisierung", „Gründerjahre", „Der Naturalismus" usw.

Das methodische Vorgehen ist bewußt z. T. offengelassen oder als Möglichkeit angeboten oder auch als Alternative dargestellt worden. Somit bleibt dem Unterrichtenden im Hinblick auf seine konkrete Lerngruppe noch genügend Raum für methodische Differenzierungen.

Wenn auch die Geschlossenheit, die Kürze und Überschaubarkeit, die deutliche Struktur der Novelle sowie die leichte Verständlichkeit des Inhalts, der äußeren Handlung, der Oberflächenstruktur des Textes die unterrichtliche Behandlung in heterogenen Lerngruppen erlauben, so stellen doch die psychologische Problematik und der Symbolgehalt hohe Anforderungen an die literarische Kompetenz des Schülers, die durch die unterrichtliche Behandlung erreicht und erweitert werden soll.

Wegen der psychischen Probleme, wegen der Sexualproblematik und des Symbolgehaltes sollte die Novelle nicht vor dem 9. Schuljahr unterrichtlich behandelt werden.

Der vorliegende Lehrerband enthält mannigfache Differenzierungsmöglichkeiten, so daß eine unterrichtliche Behandlung der Novelle in Realschulen, Gymnasien und Gesamtschulen – frühestens in Klasse 9 –, sinnvoller aber erst in Klasse 10 sowie in Klasse 11 sowohl der Gymnasialen Oberstufe als auch der Beruflichen Schulen möglich ist.

3. STUNDENSKIZZEN

Vorbemerkung

Wir gehen in unserer Unterrichtsplanung davon aus, daß die Schüler/Schülerinnen die Novelle sowie die Biographie Gerhart Hauptmanns zu Hause gelesen haben. Aus der Biographie kennen sie die Entstehungszeit und das Erscheinungsjahr der Novelle. Weiterhin liegt der folgenden Unterrichtsbeschreibung die Annahme zugrunde, daß das Thema Industrialisierung bzw. die Gründerjahre oder das Ende des 19. Jahrhunderts behandelt worden sind, so daß die Schüler die Novelle in den historischen Kontext ihrer Entstehungszeit einordnen können. Wegen des geringen Textumfangs der Novelle und der leichten Verständlichkeit der äußeren Handlung kann die Vorbereitungsphase kurz gehalten werden.

Sequenz 1 — 1 Stunde

Thema: Das soziale Umfeld der Hauptfigur

1. Unterrichtszusammenhang

In dieser Sequenz geht es darum, Thiels Situation, speziell sein soziales Umfeld, zu untersuchen. Die Stunde beginnt mit einer Gegenüberstellung von Thiels Lage zu Beginn und am Schluß der Novelle. Sie zeigt anfangs den gutmütigen, rechtschaffenen, friedvollen, pflichtbewußten, zwar in ärmlichen, jedoch geordneten Verhältnissen lebenden Menschen, der am Ende dem Wahnsinn verfällt und eine schreckliche Tat begeht. Einerseits wird so das Handlungsgefälle der Novelle von Ordnung zu Chaos sichtbar, andererseits sollen die Schüler durch diese Gegenüberstellung dazu motiviert werden, sich mit der Person Thiel näher auseinanderzusetzen, und zwar unter der begrenzten Fragestellung: Unter welchen sozialen Bedingungen lebt Thiel? Anknüpfungspunkt kann/sollte der Titel sein: „*Bahnwärter* Thiel". Das Unterrichtsgespräch über das Handlungsgefälle in Verbindung mit dem Titel soll verdeutlichen, daß durch die Erwähnung des Berufs im Titel das Milieu, in dem die Novellenhandlung spielt, vorgegeben ist und eine besondere Bedeutung erlangt: Es ist das Milieu der einfachen, armen kleinen Leute. Ebenfalls soll festgehalten werden, daß der Beruf erst infolge der Industrialisierung entstanden ist, zu deren wesentlichen Erscheinungsformen die Eisenbahn gehört. Daran anknüpfend, werden die sozialen Verhältnisse, in denen Thiel agiert, genauer beschrieben und untersucht. Relevant in diesem Zusammenhang sind alle Aussagen des Textes, durch die der Leser Hinweise auf die Arbeitswelt Thiels und auf seine Beziehung zu der dörflichen Gemeinschaft erhält.

Was die Arbeits- und Berufswelt betrifft, so könnte auf den ersten Blick der Eindruck entstehen, als spielte sie im Vergleich zum individuell Charakteristischen keine sehr große Rolle in der Novelle. Dies überrascht, läßt doch der Titel erwarten, daß die Hauptfigur nicht nur in ihrer individuellen, sondern auch in ihrer gesellschaftlichen Dimension erfaßt und vorgestellt werden soll. Tatsächlich wird bei genauerem und wiederholtem Lesen des Textes deutlich, daß dieser Aspekt von Hauptmann nicht vernachlässigt worden ist. Zwischen Thiel und seiner Arbeit besteht eine Art Nicht-Verhältnis. Er erscheint wie ein blind funktionierendes Teilchen einer großen Maschinerie; zum Ganzen seiner Tätigkeit gewinnt er keine Beziehung. Thiel tritt uns nicht als freie, sondern als gebundene, abhängige Kreatur entgegen. Seine Tätigkeit ist gleichförmig, sie trennt ihn von seiner Familie, bedeutet Auflösung der gemeinsam wirtschaftenden Familie der vorindustriellen Zeit. Sie isoliert ihn, obwohl er doch in dörflicher Umgebung lebt, von anderen Menschen; sie verlangt nicht Identifikation und auch nicht Einsicht in das Ganze, sie bedeutet vielmehr Preisgabe von Individualität und Kreativität. Der Sinn der Arbeit, die ihm durchaus eine sichere, wenn auch bescheidene materielle Existenz garantiert, ist Thiel im Grunde fremd, nicht faßbar, ja, die Arbeit flößt ihm Angst ein und bedeutet Gefahr. Thiel hat nirgends die Pose des Helden, der die moderne Technik beherrscht, der stolz ist, ein Teil einer neuen Entwicklung zu sein, und der sich bewußt in deren Dienst stellt. Hauptmann gestaltet seine Hauptfigur im Beruf als einen abhängigen Menschen ohne Begeisterungsfähigkeit und ohne Entscheidungsmöglichkeiten. Thiel ist in seiner kommunikativen Fähigkeit verkümmert. Dies wird durch seine Beziehungslosigkeit gegenüber den Bewohnern der Kolonie, einem künstlichen Gebilde ohne die tradierten Strukturen eines Dorfes, deutlich. Er spricht kaum mit den Dorfbewohnern, man spricht über ihn; er ist Gegenstand verächtlicher oder mitleidiger Kommentare. Nirgends wird sichtbar, daß Thiel sich als Teil einer Gemeinschaft versteht.

Die I. Sequenz begnügt sich anfangs bewußt mit einem weitgehend deskriptiven Verfahren. Die Frage, welche Zusammenhänge zwischen der gesellschaftlichen Existenz des Thiel und seinem individuellem Verhalten, insbesondere seiner Tat, bestehen, bleibt vorläufig ausgeblendet, weil zum einen die Textanalyse erst am Anfang steht, weil zum anderen die psychologischen Problemstellungen noch einer Klärung bedürfen. Diese Frage wird in Sequenz VIII, in der es um eine zusammenfassende und abschließende Bewertung der Hauptfigur geht, zu stellen sein. Aufgenommen werden muß dagegen die Frage, welcher Zusammenhang zwischen gesellschaftlichen Strukturen des Industriezeitalters und einzelnen Dispositionen und Verhaltensweisen Thiels gesehen werden kann.

2. Unterrichtsziele

Die Schüler
- kennen den Inhalt der Novelle,
- kennen in groben Zügen die Biographie Hauptmanns,
- kennen das Entstehungsdatum des Textes,
- können Zusammenhänge mit dem historischen, politischen und sozialen Hintergrund der Entstehungszeit herstellen,
- erkennen das Handlungsgefälle der Novelle als eine Entwicklung von einer Welt der Ordnung zu einer Welt des Chaos,
- erklären ihre Erwartungen, die mit der Berufsbezeichnung „Bahnwärter" im Titel der Novelle geweckt worden sind,
- sammeln Textstellen, die Hinweise auf das Milieu geben, in dem der Bahnwärter lebt,
- erkennen, daß Thiel sich mit Beruf und Arbeit nicht identifizieren kann,
- erkennen, daß zwischen der fehlenden Einbindung in gesellschaftlich-öffentliche Bereiche und seinem individuellem Verhalten Interdependenzen bestehen,
- erkennen, daß der Erzähler keine direkten Hinweise auf Ursache und Folge gibt.

3. Unterrichtsverlauf

3.1 Vergleicht die Situation und das Auftreten Thiels am Anfang und am Schluß der Novelle.

Thiel	
am Anfang	am Schluß
– gutmütig – friedvoll – lebt mit sich und der Umwelt in Einklang – frommer Kirchgänger – gewissenhafter, ordentlicher, pflichtbewußter kleiner Beamter	– verzweifelt – geisteskrank – aggressiv – verstoßen – Mörder seiner Frau und seines Kindes
Ordnung ——————→ Chaos Handlungsgefälle	

3.2 Auffallend ist, daß Thiel im Titel der Novelle ausdrücklich als „Bahnwärter" angekündigt wird. Welche Erwartungen verbinden sich mit dem Titel? Sind eure Erwartungen erfüllt worden?

3.3 Wo wird der Beruf Thiels in der Novelle angesprochen? Was erfahren wir über den Bahnwärter?

a) Die Schüler nennen aus der Erinnerung Textstellen, die Thiel im Umfeld seiner Arbeit zeigen.

b) Zwei Beispiele werden an die Tafel geschrieben (vgl. unten).
c) Die Schüler sammeln in Stillarbeit systematisch weitere Textstellen.
d) Die Schüler tragen ihre Ergebnisse vor und klären jeweils, ob Zusammenhänge zwischen der Arbeitssituation und der Persönlichkeitsstruktur Thiels bestehen.

Mögliche Ergebnisse zu a) bis d):

Thiels Arbeitswelt	
Situationen/ Einstellungen	Auswirkungen auf Thiel
Thiels Arbeitsplatz liegt abgeschieden in größter Einsamkeit und Einöde:	– völlige Isolation Thiels – ohne Kommunikation mit Arbeitskollegen – ungewohnt im Umgang mit anderen Menschen – fördert Thiels Neigungen zur Mystik – Trennung von Arbeit und Wohnen
Für den Verlauf von zehn Jahren werden nur fünf zum Teil unbedeutende Ereignisse in seinem Berufsleben genannt:	– Es gibt keine Abwechslungen und Höhepunkte. – Abstumpfung – Verstärkung seines Phlegmas
Vorbereitung und Ausführung des Dienstes:	– mechanisch, immer gleiche Reihenfolge – tägliche Routine, Monotonie – keine geistigen Anforderungen – ohne Möglichkeit zu Kreativität
Einstellung zum Dienst:	– ordentlich, pünktlich, gewissenhaft, verantwortungsbewußt – Leben nach festen Regeln und vorgegebenem Plan – Uhr bestimmt Lebenslauf – absolutes Funktionieren und Angepaßtsein
Einstellung zu den Zügen:	– Thiel hat sich nie um den Inhalt der „Polterkasten“ gekümmert. – Die große Welt fährt an ihm vorbei, ohne daß er Kontakt sucht oder berührt ist.
Kleiner Beamter in Uniform:	– Thiel lebt wie die anderen in ärmlichen Verhältnissen, aber der Beruf trennt ihn – auch äußerlich – von den anderen.

3.4 Thiels Leben ist vor allem bestimmt durch seine familiären Probleme. Diesen Aspekt wollen wir noch zurückstellen. Seine Beziehung zu Arbeit und Beruf haben wir eben erarbeitet. Bleibt noch, seine Stellung in der dörflichen Gemeinschaft zu besprechen.

a) Die Schüler lesen noch einmal den Text kursorisch und sammeln in Partnerarbeit Textstellen.

b) Die Schüler tragen vor.
Folgende Ergebnisse sind denkbar:
Die Kolonie Schön-Schornstein und Thiels Stellung in der dörflichen Gemeinschaft:
Schön-Schornstein: kleine Kolonie, acht Häuser, in denen 20 Fischer und Waldarbeiterfamilien wohnen, abgeschiedene Lage im märkischen Kiefernforst. Mitbewohner mißbilligen Lenes Verhalten gegenüber Thiel, haben kein Verständnis für Thiels freundliche Zuwendung zu den Kindern, wagen es nicht, Tobias gegen Lene in Schutz zu nehmen, geben Thiel aber wohlmeinende Hinweise. Keine Textbelege für vertiefte gesellschaftliche Kontakte, allerdings große Anteilnahme der Dorfbewohner an Thiels Unglück.
Stellung Thiels: Thiel erfährt keinen Respekt, man verachtet ihn.
Er sucht keinen Anschluß, mißachtet die Normen, wird zum Außenseiter. Sucht Anerkennung bei den Kindern. Thiel lebt weitgehend isoliert von der dörflichen Gemeinschaft. Er sucht nicht die Kommunikation.

3.5 Faßt das Wesentliche über Thiels Lebensverhältnisse zusammen.

4. Hausaufgabe

- Tafelbilder ins Heft übertragen.
- Stichworte zur familiären Situation Thiels.
- Alternative: Beschreibung der familiären Situation Thiels und sein Verhältnis zu den beiden Frauen.

Thema: Die familiäre Situation Thiels

1. Unterrichtszusammenhang

In den nächsten beiden Sequenzen steht der familiäre Lebensbereich Thiels im Mittelpunkt, der Bereich, der Thiel in besonderer Weise beeinflußt.

In dieser Sequenz geht es vor allem um zwei Aspekte der Novelle, nämlich um die allgemeine Familiensituation, z.B. um die Frage, in welchen ökonomischen Verhältnissen die Familie lebt und welche Faktoren auf ihr soziales Zusammenleben einwirken, und speziell um die ehelichen Beziehungen. Die Familie Thiel lebt in bescheidenen bis ärmlichen Verhältnissen. Um den niedrigen Lebensstandard zumindest halten zu können, ist sie auf das Pachten eines Kartoffelackers angewiesen, was ihr das Kaufen von 10 Sack Kartoffeln pro Jahr – ihre Hauptnahrung also – erspart.

Durch die ständigen Auseinandersetzungen und Streitereien zwischen Lene und Thiel und zwischen Lene und Tobias, die oft zu Mißhandlungen des Tobias durch Lene führen, beherrschen Unfriede und Spannungen das Familienleben, die selbst durch das liebevolle Verhältnis zwischen Thiel und Tobias nicht entscheidend gemildert werden. Nur einmal wird die Situation der Familie als freundlich und unbeschwert gezeichnet, wodurch jedoch die Bedeutung der ärmlichen ökonomischen Verhältnisse für das soziale Zusammenleben noch stärker akzentuiert wird, und zwar in der „Szene", in der Thiel Lene mitteilt, daß er einen Kartoffelacker gepachtet habe, worüber Lene rein närrisch vor Freude wird, weil die Familie nun das knappe Geld für ihre Hauptnahrung spart. Die gesicherte Aussicht auf Verbesserung der ökonomischen Situation trägt zur Entspannung der allgemein unfreundlichen, aggressiven Familienatmosphäre bei.

Trotz aller zwischenzeitlicher Vorkommnisse und der Bedenken Thiels, Lene in „sein Heiligstes" eindringen zu lassen, ist die heitere Stimmung auch während der Bewirtschaftung des Ackers, also kurz vor der Katastrophe, vorzufinden.

Der Text „Zur Stellung der Frau im 19. Jahrhundert" (M 1, S. 50) soll u.a. beitragen, den zweiten Aspekt, die ehelichen Verhältnisse, zu verdeutlichen. Der Text und die Thematik erwecken den Anschein, als sei die Frauenproblematik ein vorherrschendes Anliegen der Novelle. Das trifft nicht zu. Wenn auch im ausgehenden 19. Jahrhundert nicht nur gesellschaftspolitisch, sondern auch literarisch die Emanzipation der Frau von Bedeutung war und es den Naturalisten seit Ibsens „Nora" in besonderer Weise um die Rolle der Frau ging, so spielt das Thema in Hauptmanns Novelle allenfalls eine untergeordnete funktionale Rolle. Dennoch sprechen zumindest drei Gründe dafür, dieses Thema im Verlauf der Unterrichtseinheit zu behandeln:

- Infolge des historischen Entwicklungsprozesses zunehmender Gleichberechtigung zwischen Mann und Frau kann davon ausgegangen werden, daß die Schüler heute die Rolle Lenes und die daraus für Thiel entstehenden Probleme nicht hinreichend erfassen.

- Um die Figur Thiel zu begreifen, ist es notwendig, seine Beziehungen zu den beiden Frauen zu untersuchen und zu deuten, welche Rollen sie darin spielen und welchen Einfluß sie auf Thiel ausüben.
- Mit dem Thema „Die Rolle der Frau“ wird zwar noch einmal die soziale Dimension der Novelle angesprochen, zugleich aber der Einstieg in die psychische Verfassung der Hauptfigur erreicht.

Der Text soll zeigen, daß die früher gültigen Normen hinsichtlich der Rolle der Frau im Hause Thiel auf den Kopf gestellt werden. Lenes Rolle entspricht nicht den Erwartungen der Öffentlichkeit. Und wer wie Thiel nicht gemäß den Normen Herr im eigenen Haus ist, wird im sozialen Umfeld verachtet und wird zum Außenseiter. Natürlich genügt dieser Erkenntnisstand nicht; die näheren Umstände, die Voraussetzungen und Ursachen dieses außergewöhnlichen, nicht normalen Zustandes in der Familie Thiel müssen geklärt werden. Dazu ist es notwendig, zunächst das Verhältnis zwischen Thiel und Lene aus dem Novellentext heraus zu beschreiben. Die Ausweitung der Aufgabe auf das Verhältnis zwischen Thiel und Minna soll Vergleiche zwischen beiden Frauen provozieren. Das Beschreiben von Thiels Verhältnis zu den beiden Frauen ist die Voraussetzung dafür, in der nächsten Sequenz Thiels Beziehungen zu den beiden Frauen und deren Einfluß auf Thiel erklären und um vor allem Thiels Zustand erkennen zu können.

2. Unterrichtsziele

Die Schüler

- beschreiben die familiären Verhältnisse der Familie Thiel in bezug auf die wirtschaftliche Situation sowie hinsichtlich des sozialen Zusammenlebens untereinander,
- lesen den Text „Zur Stellung der Frau im 19. Jahrhundert“,
- beschreiben und erklären die Rolle der Frau aus dem Text,
- erkennen und erklären das Rollenverhalten der Ehepartner,
- erkennen und definieren die Unterschiede in den Rollenausübungen,
- untersuchen und beschreiben Thiels Verhältnis zu beiden Frauen mit dem Ziel, den Einfluß der Frauen auf Thiel zu erkennen sowie Thiels Beziehungen zu den Frauen und vor allem Thiels Abhängigkeit erkennen und erklären zu können.

3. Unterrichtsverlauf

3.1 Die familiären Verhältnisse

Nach der unterrichtlichen Behandlung der Arbeitswelt und des dörflichen Umfeldes setzen wir uns nun mit der familiären Situation Thiels auseinander.

a) In welchen wirtschaftlichen Verhältnissen lebt die Familie?
b) Was kennzeichnet den Umgang der Familienmitglieder untereinander?
c) Für welche Situation treffen die (in b) genannten Merkmale nicht zu?
Zeigt die Textstellen und erklärt ihre Bedeutungen.

3.2 Die Rolle der Frau

a) Die Schüler lesen den Text „Zur Stellung der Frau im 19. Jahrhundert" und fassen den Text zusammen.
Ergebnissicherung:
Es gibt keine Partnerschaft, sondern eine strenge Rollenverteilung im Sinne patriarchalen Autoritäts- und Abhängigkeitsdenkens: Die Frau hat Kinder zu gebären und sie sowie Mann und Haushalt zu versorgen. Der Mann dehnt im Verlauf des 19. Jahrhunderts seinen Herrschaftsbereich noch auf den Bereich der Frau aus, womit die bereits untergeordnete Stellung der Frau weiter geschwächt wird.

b) Die Schüler vergleichen ihre Ergebnisse mit der Rolle, die Lene in der Familie Thiel spielt.
Ergebnissicherung:
Die gesellschaftlichen Normen werden geradezu auf den Kopf gestellt, indem Lene im Hause Thiel das Sagen hat und Thiel sich zuletzt in allem fügt.
Da Thiel nicht Herr im eigenen Haus ist, wird er von seiner Umwelt verachtet und ist ein Außenseiter.

3.3 Thiels Verhältnis zu den beiden Frauen

Um die Ursachen für Lenes Verhalten zu erfahren, das heißt auch, um Thiels Situation zu erkennen, die ein solches Verhalten entgegen aller Norm zuläßt, ist es notwendig, Thiels Beziehungen zu Lene und zu Minna zu beschreiben.
Ergebnissicherung:
Lene und Thiels Verhältnis zu ihr:

- Der Grund der Heirat ist Tobias. Er soll gut versorgt sein.
- Lene bildet in allem einen extremen Kontrast zu Minna.
- Äußerliche Ähnlichkeit zwischen Thiel und Lene.
- Lenes Gesicht hat im Vergleich zu Thiels keine Seele.
- Lenes herrschsüchtiger, harter Gemütsart, ihrer Zanksucht und brutalen Leidenschaftlichkeit hat Thiel nichts entgegenzusetzen.
- Thiel fügt sich Lene in allem; ihrer Kraft ist Thiel nicht gewachsen.
- Mit leidenschaftlicher Hast eilt er, von der Arbeit kommend, zu Lene.
- Angesichts der Mißhandlungen Tobias' durch Lene scheint „es" ihn zu überwältigen, doch der Blick über Lenes starke Gliedmaßen bannt und lähmt ihn.
- Über seinen Zustand und sein Verhältnis zu Lene empfindet er Ekel und Scham.

Minna und Thiels Beziehung zu ihr:

- Minna und Thiel bilden körperlich einen extremen Gegensatz. Sie passen nicht zueinander – wie die Leute meinen.
- Der Tod Minnas ist ihm nach allgemeiner Ansicht nicht sehr nahegegangen.
- Er war mit Minna durch eine mehr vergeistigte Liebe verbunden.
- Thiel erklärt sein Wärterhäuschen zur Kapelle und Bahnstrecke und Blockhaus als geheiligtes Land, welches nur der Erinnerung an Minna gewidmet sein soll.
- Bei den Andachten gerät er in Ekstase, so daß er die Tote leibhaftig vor sich sieht.
- Er sehnt sich nach Minna.

- Auch im Alptraum erscheint ihm Minna, die ihn mit entsetzlichen Blicken wegen seines nicht eingehaltenen Versprechens anstarrt und sich – später – von ihm lossagt.

4. Hausaufgabe

Bei nicht ausreichender Zeit wird die Aufgabe „Beschreibe Thiels Beziehungen zu Lene und Minna." als Hausaufgabe aufgegeben.

Thema: Das Personengefüge

1. Unterrichtszusammenhang

Durch das Vortragen und Besprechen der Hausaufgaben bzw. der Ergebnisse der Stillarbeit sowie durch die Beantwortung der gestellten Fragen anhand von Zitaten aus dem Novellentext sollen die Schüler allmählich das Beziehungsgefüge der Personen beschreiben und Thiels Situation erkennen.

Einerseits liegt die Ursache für Lenes Verhalten in ihrer Herrsch- und Zanksucht und darin, daß Thiel gutmütig, nachgiebig und phlegmatisch ist, andererseits darin, daß Thiel infolge Lenes ausgeprägter Sinnlichkeit und seiner Begierden zuerst in sexuelle Hörigkeit zu ihr gerät und als Folge daraus zuletzt in allem von Lene abhängig wird.

Eine vergleichbare Rolle hat Minna nicht gespielt; Thiel verband zu Minna eine mehr vergeistigte Liebe, in der das Sexuelle eine untergeordnete Bedeutung hatte.

Damit ist jedoch das gesamte Beziehungsgefüge noch nicht umrissen:

Thiel hat, damit Tobias versorgt ist – aus welchen weiteren Gründen auch immer –, eine Frau geheiratet, die in allem das Gegenteil zu seiner ersten Frau ist. Lene gleicht er körperlich und unterscheidet sich seelisch, Minna gleicht er seelisch und bildet körperlich zu ihr einen extremen Kontrast. Die Beziehungen zu Lene sind reduziert auf das bloß Sexuelle; Kommunikation, Freundlichkeit, Zärtlichkeit fehlen, und so wendet sich Thiel – in Erinnerung an Minna und aus Sehnsucht nach einer reineren Sphäre von der schmutzigen Realität ab und seiner ersten Frau zu. Doch dieses Verhalten birgt in sich eine Gefahr für Thiel, denn Thiel wird, indem Minna eine Bedeutung für ihn erlangt, die sie im realen Leben nicht hatte, noch unfähiger, seine Situation zu ertragen. Und die Schuldgefühle Thiels gegenüber Minna wegen des nicht eingehaltenen Versprechens, für Tobias gut zu sorgen, wachsen bedrohlich.

Wenn auch Minna nicht nur das positive Gegenbild zu Lene ist, so stehen beide Frauen doch physisch und psychisch in einem Kontrast zueinander, verkörpern gegensätzliche Lebensprinzipien, sind auch Abbilder der gegensätzlichen Persönlichkeitsmerkmale Thiels.

Zwischen den Frauen und ihren Kindern besteht jeweils eine äußere Ähnlichkeit. Von einer Beziehung Thiels zu dem Säugling kann nicht gesprochen werden: Er ist Lenes „Balg".

Nur zwischen Thiel und Tobias besteht eine gegenseitige, starke Liebe und Zuneigung. Tobias verkörpert einen Teil dessen, wonach Thiel sich sehnt. Der Junge ist die lebende Verbindung zur Sphäre Minnas; er gibt ihm in seinem Zustand Halt. Thiel steht also nicht nur äußerlich und sexuell in Abhängigkeit zu Lene, sondern gerät auch in bedrohliche Abhängigkeit zu Minna, die sein Innerstes beherrscht. Damit befindet sich Thiel in einem gespaltenen Zustand: Einerseits begehrt er sinnlich Lene und kann sich aufgrund seiner Triebgebundenheit nicht von ihr lösen, andererseits sehnt er sich nach der vergeistigten Liebe Minnas. Seine sexuelle Begierde löst das Empfinden von Scham und Ekel aus, weshalb er sich nach der Reinheit Minnas sehnt, woraus aber Gewissensbisse und Selbstvorwürfe entstehen.

Das ist Thiels Situation, mit der er fertigzuwerden versucht. Aus den Ergebnissen der einzelnen Unterrichtsschritte entwickelt der Lehrer gemeinsam mit den Schülern sukzessiv das Tafelbild, welches die Schüler in ihre Hefte übertragen.

Als Alternativen bieten sich an, daß die Schüler selbständig in Einzel-, Partner- und Gruppenarbeit das Tafelbild entwickeln, wobei die Ergebnisse untereinander verglichen werden müssen, oder daß die Schüler in schriftlicher Form das Personengefüge erklären.

In dieser Sequenz besteht ebenfalls die Möglichkeit, mit den Schülern – den Rahmen des Textes verlassend – über die Trennung von Sexualität und Liebe zu reden.

2. Unterrichtsziele

Die Schüler
- beschreiben Thiels Verhältnis zu Lene und Minna,
- erkennen Lenes dominierende und Thiels untergeordnete Stellung in der Familie,
- erkennen, daß Minna als Tote einen beherrschenden Einfluß auf Thiel ausübt, den sie im Leben nicht hatte,
- erarbeiten die weiteren Faktoren des Personengefüges, und zwar
  Ähnlichkeiten zwischen Thiel und den Frauen,
  Unterschiede zwischen Thiel und den Frauen,
  Unterschiede zwischen beiden Frauen,
  Einfluß Lenes auf Thiel,
  Einfluß Minnas auf Thiel,
- beschreiben und erklären die Beziehungen der Erwachsenen zu ihren Kindern,
- erklären Thiels Zustand aus dem Personengefüge.

3. Unterrichtsverlauf

3.1 Beschreibung der Beziehungen Thiels zu Lene und Minna

a) Schüler tragen ihre Arbeitsergebnisse/Hausaufgaben vor.
b) Im anschließenden Unterrichtsgespräch werden möglicherweise Ergänzungen und Berichtigungen vorgenommen werden müssen.

3.2 Begründung für Lenes Verhalten, Vergleich mit dem Verhalten Minnas

a) Die Schüler erklären die Ursachen, die es Lene erlauben, eine solche Rolle zu spielen, und vergleichen Lenes Rolle mit der Minnas. Dabei weisen die Schüler auf wichtige Textstellen hin:
- Warum kann Lene entgegen allen Normen diese dominierende Rolle in der Familie Thiel spielen?
- Warum läßt sich der herkulische Thiel Lenes Verhalten gefallen?

- Welche Rolle spielte Minna in ihrer Ehe mit Thiel?
- Welchen Einfluß übt Minna nach ihrem Tode auf Thiel aus?
- Warum gewinnt sie einen solchen Einfluß auf Thiel?
- Inwiefern gleicht/ähnelt Thiel beiden Frauen, und inwiefern unterscheidet er sich von ihnen?
- Welchen Bereich Thiels beherrscht Lene, welchen Minna?
- Wie und worin unterscheiden sich die beiden Frauen voneinander?

b) Während des Unterrichtsgesprächs entwickelt der Lehrer mit den Schülern aus den Ergebnissen sukzessiv das Tafelbild.

3.3 Die Beziehungen zwischen den Erwachsenen und ihren Kindern

- Welche Ähnlichkeiten bestehen jeweils zwischen den Müttern und ihren Kindern?
- In welchem Verhältnis steht Thiel zu seinem zweiten Kind?
- Beschreibe die Beziehungen zwischen Thiel und Tobias.
- Welche Bedeutung hat Tobias für Thiel?

3.4 Übertragung des Tafelbildes Seite 29 in die Hefte

3.5 Thiels Situation

Im Personengefüge wurden die Beziehungen der Familienmitglieder zueinander verdeutlicht. Welche Situation ergibt sich daraus für Thiel?

4. Hausaufgabe

a) Anfertigen einer Ortsskizze mit Hilfe der Angaben im Text.
b) Welche Zusammenhänge bestehen zwischen Thiels Situation und den räumlichen Gegebenheiten?

Tafelbild: Das Personengefüge

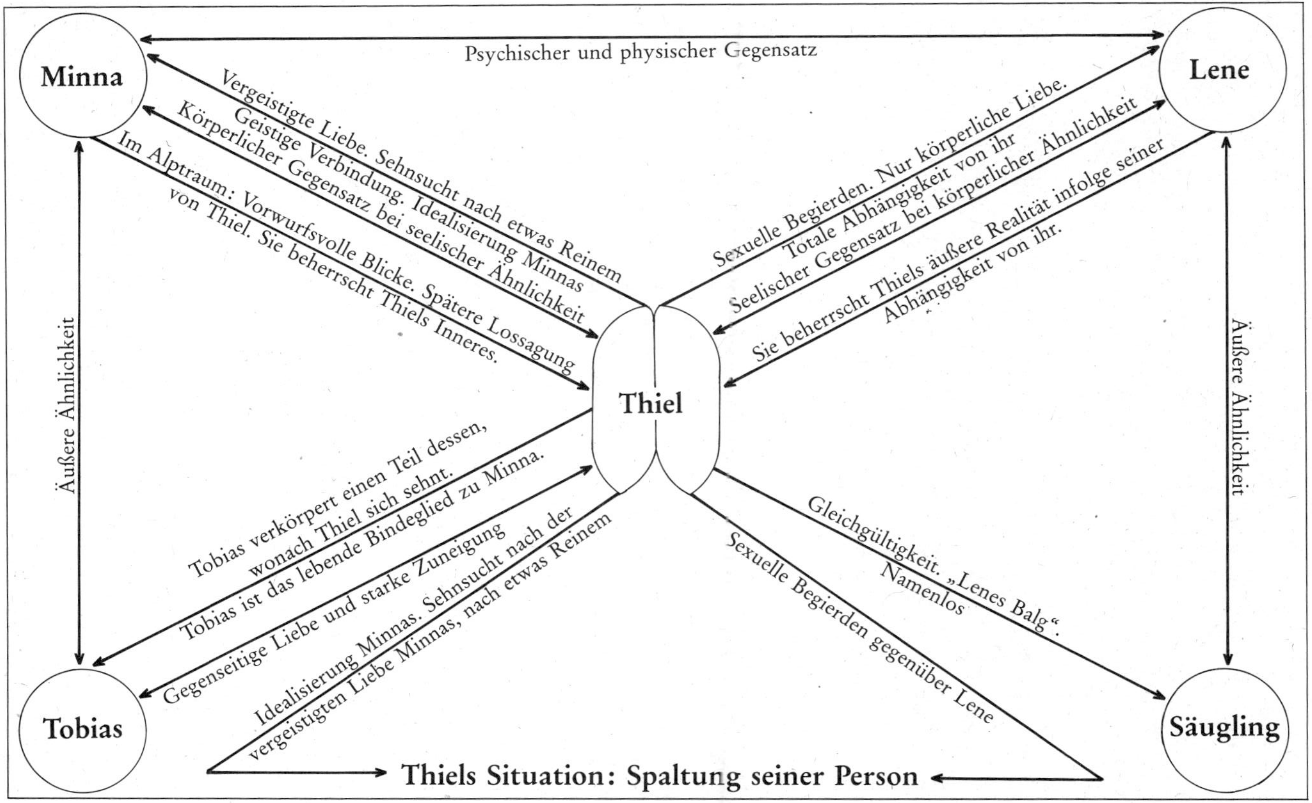

Thema: Die Bedeutung der Orte

1. Unterrichtszusammenhang

Mit aller Macht zieht es Thiel zu Lene hin. Zugleich empfindet er jedoch Scham und Reue wegen dieser Abhängigkeit von Lene und der daraus resultierenden Ohmacht und Unfähigkeit, seinen Ältesten – der ihm so viel bedeutet – vor den Gewalttätigkeiten seiner Frau zu beschützen. So lebt Thiel mit sich und seiner Umwelt in Disharmonie und, um wieder ins Gleichgewicht zu kommen, schafft er sich einen zweiten Bereich, der den Gegenpol zu der von Lene beherrschten Sphäre insofern bildet, als er „dort" in Erinnerung an die mehr „vergeistigte Liebe" zu Minna lebt.

Deshalb flüchtet Thiel in den von Minna beeinflußten Innenbereich und gestaltet für sich eine zweite Realität. In diesem von Minna beeinflußten Bereich zu existieren ist aber nur möglich durch eine räumliche und zeitliche Trennung von Lene: Er wandelt sein Wärterhaus in eine Kapelle um und erklärt Blockhaus und Bahnstrecke zu geheiligtem Land, das den „Manen" der Toten gewidmet ist. Hier kann er – so glaubt er – seinen Vorstellungen und Wünschen entsprechend leben, die Lage, Art und Beschaffenheit seines Arbeitsortes sowie die dienstlichen Anforderungen ermöglichen es ihm. Thiel lebt also in zwei gegensätzlichen, voneinander getrennten Welten, um einen Gleichgewichtszustand zwischen Wunschwelt und Realität zu erreichen, der es ihm ermöglicht, bestehen zu können.

Die Trennung der beiden Bereiche symbolisiert zugleich die Spaltung in Thiels Innerstem. Und je mehr diese beiden Innenbereiche, die traditionell Geist und Natur benannt werden, auseinanderklaffen, desto größer wird die psychische Störung, so daß es durch Verstärkung des Spannungsverhältnisses am Ende des Prozesses zur Persönlichkeitsspaltung, zur Krankheit kommt. Thiel ist nicht der Mensch, mit diesem Dualismus (Geistwesen – Naturwesen) fertigzuwerden, intellektuell eine Vermittlung des Gegensätzlichen zu erreichen, geschweige denn ihn aufzuheben. Und je stärker er sich dem Minna-Bereich verbunden fühlt, desto unfähiger wird er, in der Realität zu leben.

Indem Thiel zu Hause Lene leidenschaftlich begehrt und im Blockhaus Andachten hält, um möglichst innig mit Minna verbunden zu sein, verhält er sich in den beiden äußeren Lebensbereichen entsprechend seinem gespaltenen inneren Zustand. Thiels innerer Spaltung werden also reale äußere Orte zugeordnet.

Die Gedanken an die Tote werden durchkreuzt von denen an die Lebende, und er eilt mit leidenschaftlicher Hast zu Lene, so daß Thiel hin- und hergerissen wird. Dieser auf Ordnung bestehende Mensch gerät innerlich ins Chaos. Thiels Handeln ist der Versuch eines verunsicherten, verstörten und gequälten Menschen, wieder mit sich ins reine zu kommen; doch dieser Weg bringt keine Erlösung und Errettung, denn Lene betritt den Minna-Bereich, eine Trennung beider Sphären ist also nicht länger möglich, die Katastrophe ist vorgezeichnet.

Mit der Bearbeitung und Lösung der Hausaufgabe soll Folgendes erreicht werden: Einerseits sollen die Schüler die räumlichen Gegebenheiten der Novelle genau erschließen, andererseits soll ihnen damit zugleich die Symbolik der Orte zugänglich gemacht werden.

2. Unterrichtsziele

Die Schüler

- fertigen nach den Textangaben eine Ortsskizze an,
- erkennen, daß Thiels Realität in zwei Bereiche aufgeteilt werden kann, und zwar in den dienstfreien Bereich um Schön-Schornstein, in dem Lene dominiert, die er körperlich liebt, und in den beruflichen Bereich, zu dem Bahnwärterhaus und Bahnstrecke gehören, in dem Minna dominiert, an die ihn eine vergeistigte Liebe bindet,
- bezeichnen Thiels gespaltenen inneren Zustand,
- erkennen, daß den beiden Innenbereichen jeweils ein Außenbereich zugeordnet ist,
- erkennen, daß Thiel sich in den beiden äußeren Bereichen entsprechend dem jeweils zugeordneten Innenbereich verhalt,
- erkennen, daß eine Trennung von beiden Sphären mißlingt, was durch das Eindringen Lenes in den Minna-Bereich verdeutlicht wird,
- erkennen, daß Thiels Versuche, beide Sphären zu versöhnen, mißlingen.

3. Unterrichtsverlauf

3.1 Die Handlungsorte

a) Die Schüler vergleichen untereinander und mit dem Lehrer ihre erstellten Ortsskizzen (Seite 32).
Ggf. werden Berichtigungen und Ergänzungen vorgenommen.

b) Gespräch über die Frage der Hausaufgabe, in welchem Zusammenhang das Anfertigen der Ortsskizze zu Thiels Situation steht.
Vom Gesprächsergebnis wird es abhängen, ob der Lehrer systematischer vorgehen muß:

- In welche Bereiche kann Thiels Realität in bezug auf seine Arbeit eingeteilt werden?
- In welche Bereiche kann Thiels Realität in bezug auf die beiden Frauen eingeteilt werden?
- Wie verhält sich Thiel in bezug auf seine beiden Frauen in beiden Bereichen?

3.2 Die Bedeutung der Orte

a) Vergegenwärtigt euch Thiels inneren Zustand. (Sequenz III)
b) Beschreibt knapp beide Innenbereiche und ordnet ihnen Begriffe zu.
c) Welcher Zusammenhang besteht zwischen Thiels innerem Zustand und den beiden äußeren Bereichen?

Ortsskizze

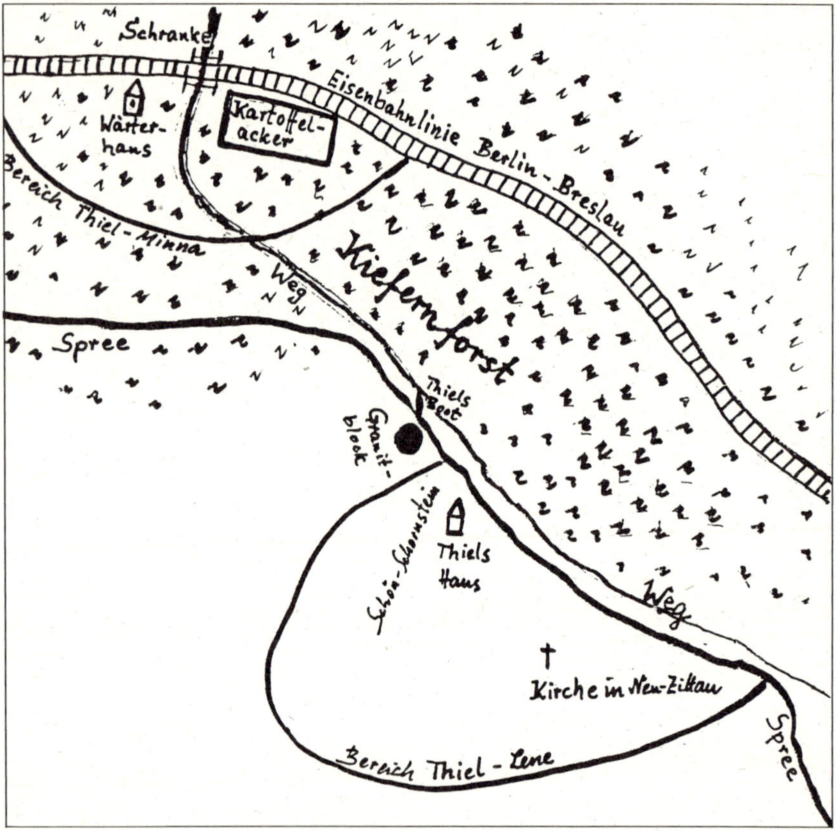

d) Gelingt Thiel mit der Trennung der Lebensbereiche die Lösung seiner Probleme?
e) Übertragung des Tafelbildes Seite 33 in die Hefte.

4. Hausaufgabe

a) Schriftliche Zusammenfassung des Unterrichtsgesprächs.
b) Ankreuzen der Textstellen, die Thiels Weg in den Wahnsinn andeuten bzw. offenbaren.

Ergebnissicherung zu a) Zusammenfassung des Unterrichtsgesprächs
Thiel lebt in zwei gegensätzlichen Bereichen, im Lene- und Minna-Bereich.

Spree und Kiefernforst, Arbeitszeit und dienstfreie Zeit trennen beide Bereiche räumlich und zeitlich, so daß Thiel glaubt, in beiden existieren zu können.

Tafelbild: Die Bedeutung der Orte

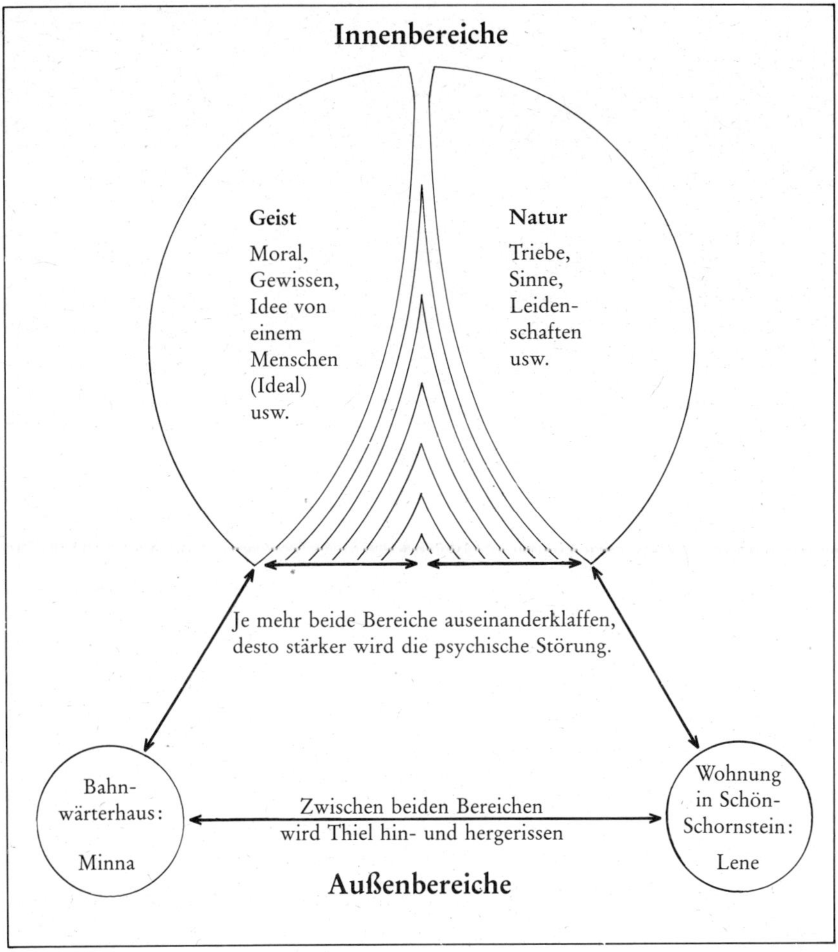

Diese Trennung der beiden gegensätzlichen äußeren Bereiche symbolisiert ebenfalls die Spaltung in Thiels Innenbereich: den beiden Innenbereichen ist jeweils eindeutig ein Außenbereich zugeordnet und umgekehrt.

Thiel verhält sich in beiden äußeren Bereichen entsprechend dem zugeordneten Innenbereich: Zu Hause begehrt er Lene körperlich, im Blockhaus fühlt er sich Minna geistig verbunden.

Doch Lene betritt den Minna-Bereich (Thiels Heiligstes), eine künstliche Trennung beider Sphären ist also nicht möglich. Thiels Weg bietet keine Lösung, die Katastrophe nimmt ihren Lauf.

Thema: Thiels Weg in den Wahnsinn

1. Unterrichtszusammenhang

In dieser Sequenz soll analysiert werden, in welchen Schritten der Erzähler die Krankheit der Hauptfigur sich entfalten läßt. Die genauere Beschäftigung mit der sehr ausgeprägten Entwicklung der Hauptfigur soll den Schülern vor Augen führen, wie subtil der Erzähler den psychischen Verfall Thiels vorbereitet.

Am Anfang der Novelle wird Thiel als physisch robuster Mann beschrieben, Hinweise auf eine psychische Labilität gibt es nicht, Thiel lebt offensichtlich in Harmonie mit sich und seiner Umwelt. Nichts in Thiels Verhalten deutet auf das schreckliche Ende hin, es sei denn, man nähme Thiels Befangenheit in seiner kleinbürgerlich-proletarischen Welt als Indiz für zukünftige Krisen. – Folgen wir der Chronologie des Textes – das Einleitungskapitel mit den zahlreichen Vorausdeutungen und direkt kommentierenden Erzähleraussagen sollte weitgehend ausgespart werden –, dann findet sich der erste Hinweis darauf, daß Thiel seine emotionale Balance verliert, als er die Spuren von Gewalt auf Tobias' Backe entdeckt (S. 25). Hier wie auch bei dem folgenden Ereignis – Thiel erlebt bei seiner überraschenden Heimkehr, wie Lene Tobias drangsaliert – verdrängt er noch seine Wahrnehmungen. Eine Eruption seiner Gefühle erlebt der Leser mit der ersten Beschreibung des vorbeifahrenden Zuges (S. 31 ff.). Dieser Krise folgen unmittelbar weitere: Thiels tranceähnliche Erinnerung an Minna und die zweite Beschreibung der Eisenbahn. Standen Thiels erste Krisen in Zusammenhang mit Tobias und Lene, so tritt jetzt seine verstorbene erste Frau hinzu, die scheinbar seine Klarsicht fördert, sein Gewissen schärft, zu einer treibenden Kraft für das Erkennen seines Zustands wird, was aber nicht Heilung, sondern Ausweglosigkeit und Zerstörung bewirkt. Thiels Hinwendung zu Minna zeigt, daß er von einer Art Schizophrenie befallen wird, die zu einem Verlust seiner geistig-seelischen Mitte und seiner Beziehungen zur Realität führt und eine verstärkte Flucht ins Irrationale und Mystische bedeutet.

Die Handlung wird danach wieder in ruhigere Bahnen gelenkt, bekommt geradezu idyllische Züge. Der Leser erlebt einen ausgeglichenen Bahnwärter, der Lene zufriedengestellt sieht und sich durch die Nähe Tobias' beglückt fühlt. Doch der Tod beendet die Idylle abrupt, die Krise Thiels spitzt sich dramatisch zu. Minna erscheint Thiel als unverhohlen Drohende; sie fordert Sühne. Thiel vergreift sich fast an seinem zweiten Kind, der Erzähler spricht unverschlüsselt von Wahnsinn. Die Krisen haben einen Endpunkt erreicht, der Mord ist der folgerichtige Schlußpunkt einer Entwicklung, die sich frühzeitig abgezeichnet hat.

Vom Erzählerisch-Dramaturgischen her bedeutet das Fortschreiten des Wahnsinns eine ständige Steigerung, die ihre angemessene Darstellung in einer nach oben gerichteten Spannungskurve finden müßte. Sieht man die Ereignisse jedoch stärker unter dem Aspekt der individuellen Betroffenheit des Bahnwärters, dann erscheint eine kontinuierlich absteigende Linie angemessener. Für die Unterrichtsplanung ist dem zuletzt genannten Aspekt der Vorzug gegeben worden.

Eine besondere Schwierigkeit dieser Sequenz besteht darin, daß der Erzähler Thiels Verwirrtheit nur selten direkt beschreibt oder benennt, sie vielmehr indirekt durch die Art der Darstellung der Außenwelt, der Natur und der Technik, spiegelt. Die Planung des Unterrichtsverlaufs geht davon aus, daß die Schüler dieses erzählerische Mittel erkennen. Die genaue Analyse der Erzähltechnik ist der nächsten Sequenz vorbehalten. Sollte der Lehrer jedoch bemerken, daß seine Schüler die Beschreibungen bzw. Schilderungen der natürlichen und technischen Umwelt nicht als Reproduktionen der angespannten seelischen Verfassung der Hauptfigur wahrnehmen, müßte er auf Teile der folgenden Sequenz bereits zu diesem Zeitpunkt zurückgreifen und einen Exkurs einplanen.

2. Unterrichtsziele

Die Schüler

- können die einzelnen Ereignisse, die Thiel in den Wahnsinn treiben und die seine krisenhafte Entwicklung signalisieren, benennen,
- erkennen, daß die Beschreibung von Natur und Technik mit dem inneren Zustand Thiels korrespondiert,
- erkennen, daß Minna zur treibenden und beherrschenden Instanz wird, die Thiels Gespaltenheit vertieft,
- erkennen, daß die Thiel emotionalisierenden Ereignisse eine ansteigende Spannungskurve ergeben, die aber – auf Thiels Entwicklung bezogen – eine nach unten gerichtete Linie des Verfalls bedeutet,
- können Ursachen für Thiels Wahnsinn nennen.

3. Unterrichtsverlauf

3.1 Die Schüler tragen vor, was sie bei der häuslichen Arbeit an Beobachtungen gesammelt haben. – Die Ergebnisse können in dem nachfolgenden Tafelbild festgehalten werden.

- Bevor das Tafelbild begonnen wird, sollte die Anordnung der Verlaufslinie problematisiert werden. Die fallende Linie drückt nicht die Spannung der Handlung, sondern den Verfall der Persönlichkeit aus.
- Während der Erarbeitung des Tafelbildes sollte darüber gesprochen werden, wo sich in der Novelle Phasen der inneren Ruhe und des Glücks finden. Wechsel der verschiedenen Stimmungslagen? Dauer der Phasen?
  Wenn Thiel mit Tobias zusamen ist, gibt es Augenblicke, in denen er ausgeglichen und zufrieden wirkt. Dies zeigt sich besonders deutlich, als er kurz vor dem Bahnunglück mit Tobias die Geleise abschreitet. Dieser Spaziergang stellt in bezug auf Handlung und innere Enwicklung Thiels ein retardierendes Moment dar, das die Schlußereignisse um so dramatischer wirken läßt.

Tafelbild: Thiels Weg in den Wahnsinn

X_0 Ausgangssituation: gesund, lediglich zwei Unglücksfälle; in sich ruhend, phlegmatisch (S. 19)

X_1 „... wobei plötzlich etwas wie ein Schatten durch seine Mienen lief, als er ..." (S. 25)

X_2 „Der Wärter fühlte, wie sein Herz ... und dumpfe Mattigkeit blieb zurück." (S. 29)

X_3 „Einen Augenblick schien es, als müsse ..." (S. 30)

X_4 „Er tat es mechanisch, während sein Geist ..." (S. 31)

X_5 Beschreibung der Natur (S. 32)

X_6 Vorbeifahrt des Zuges – Erinnerung an Minna – seltsame Unruhe (S. 32f.)

X_7 Thiel wird sich bewußt, daß Lene in seinen geheiligten Bereich einbrechen wird. „Und plötzlich zerriß etwas ..." (S. 33f.)

X_8 Traum (Minna), Gewitter, Vorbeifahrt des Zuges, Blicke, Schlaffes, Blutiges (S. 34f.)

X_9 Nach Tobias' Tod: „... denn des Wärters Augen spielten seltsam." – „... sein Gesicht ist blöd und tot." (S. 41)

X_{10} „Es war, als hielte ihn eine eiserne Faust ..." (S. 43)
„... ließ der Anfall nach." (S. 43)

X_{11} Rechtfertigung vor Minna – Rachegedanken (S. 44)

X_{12} Naturbeschreibung – „Aber mein Gott, das ist ja Wahnsinn!" (S. 45)

X_{13} Raserei – Mordversuch an seinem Kind (S. 46)

X_{14} Unstetes Licht in seinen Augen – Versonnenheit (S. 47)

X_{15} Mord an Lene und an seinem zweiten Kind (S. 48f.)

X_{16} Einweisung in die Irrenabteilung (S. 49)

3.2 Welche Ursachen für Thiels Wahnsinn werden im Text unmittelbar genannt, welche sind zu erschließen oder zu vermuten?
Die kausale Verknüpfung von Thiels Wahnsinn mit seiner gestörten Beziehung zu Lene, mit den Schuldgefühlen wegen seiner unterlassenen Fürsorge für Tobias, mit dem Tod Tobias', mit seiner Stellung zwischen Lene und Minna ist offensichtlich. Andere Gründe lassen sich erschließen, zum Teil vermuten: Thiels Isoliertheit, seine geistige Enge; das Unvermögen, seine Situation zu reflektieren; seine Kommunikationsunfähigkeit mit Erwachsenen; seine Angepaßtheit an die durch seine Arbeit vorgegebene Ordnung, die ein rein zweckrationales Handeln verlangt; generell die Hilflosigkeit gegenüber den Formen des technischen Fortschritts.

3.3 Als Wiederholung: Welche Rolle spielt Minna? Welche Bedeutung hat sie für Thiel?
Textstellen:
- S. 19 Beschreibung der äußeren Erscheinung.
- S. 22 Vergeistigte Liebe, innige Verbindung mit der Toten.
- S. 33 Nach der Vorbeifahrt eines Zuges erwacht Thiel wie aus einem Traum und denkt sofort an Minna.
- S. 35 Minna erscheint Thiel im Traum.
- S. 44 Minna verlangt ein Sühneopfer.

Minnas Tod hat Thiel scheinbar kaum berührt. Die Verstorbene bleibt jedoch Objekt mystischer Verehrung. In dem Maße, in dem sich Thiels Spannungen mit Lene steigern, bekommt Minna eine herausgehobene Bedeutung. Sie wird zu einer moralischen Instanz und verkörpert Thiels schlechtes Gewissen. Minna wird in einem Maße idealisiert, daß sie für Thiel unerreichbar wird, er sie als Drohende empfindet und schließlich glaubt, sie verlange nach Opfer und Sühne.

Thema: Darstellung und Bedeutung von Natur und Technik

1. Unterrichtszusammenhang

Was bereits in der V. Sequenz gestreift wurde, soll in diesem Unterrichtsabschnitt genauer analysiert werden. Es geht um die Frage, wie der Erzähler die natürliche und technische Umwelt des Bahnwärters darstellt und welche Bedeutung ihr für das Erzählganze zukommt.

Der Unterricht konzentriert sich auf die Textstellen S. 32 („Die Strecke schnitt ... über dem Waldwinkel zusammen.") und S. 34 („Es war stockdunkel. Er ... und der Zug raste vorüber.") Als Beleg für Naturbeschreibungen können noch Textstellen auf S. 39f. und S. 45 herangezogen werden.

In allen Textstellen wird deutlich, daß sich der Erzähler keineswegs darauf beschränkt, die den Bahnwärter umgebende Welt – sei sie natürlicher, sei sie technischer Art – nur zu beschreiben. Die Naturbeschreibungen erfahren einen Bedeutungszuwachs zum Beispiel allein dadurch, daß sie unmittelbar vor oder nach tiefgreifenden Erschütterungen Thiels stehen, daß die sprachlichen Mittel (z. B. Farbadjektive, Metaphern, Vergleiche) sie mit der technischen Welt verknüpfen, daß einzelne Bilder eine Beziehung zu anderen Personen stiften. Naturbeschreibungen sind ein Mittel, Atmosphärisches auszudrücken, den weiteren Gang der Handlung anzudeuten und einen indirekten Eindruck von Thiels verwirrtem Innenleben zu vermitteln. In dem Maße, in dem Thiel sich in pathologische Zustände verstrickt, steigern sich auch Unruhe und Aufregung in der Natur.

Noch deutlicher ist die Beziehung zwischen Thiel und der Technik (Zug, Geleise, Telegraphenstangen). Benno von Wiese spricht zu Recht von einer dreifachen Spiegelung. „Einmal spiegeln sich in dieser Bahnstrecke die Seelenvorgänge des Bahnwärters und seine mystischen Neigungen, zweitens spiegelt sich in ihr und durch sie die ganze, weit mehr dämonische als idyllische Natur, und drittens wird sie zum Spiegel für eine zufällige Katastrophe, die sich an diesem realen Orte vollzieht, ihre Zufälligkeit aber angesichts der beiden anderen Spiegelungen verliert ..."[1]

Der Unterrichtende sollte sich nicht die Chance entgehen lassen, den Schülern am Beispiel „Bahnwärter Thiel" zu zeigen, wie in einem bestimmten Kontext durch gestalterische Mittel des Erzählers scheinbar alltägliche Dinge eine Bedeutungsverdichtung bis hin zu Symbolen und Leitmotiven erfahren. Das Tafelbild auf Seite 42 kann diesen Prozeß der assoziativen Verknüpfung exemplarisch verdeutlichen.

Zur Polyvalenz der Bedeutung der Eisenbahn gehört aber auch, daß sie nicht nur Ausdruck der in Thiel tobenden individuellen Konflikte ist, daß diese Kon-

1 Benno von Wiese: Die deutsche Novelle. Düsseldorf: Bagel 1959, S. 272

flikte ins Mythologische gesteigert werden, sondern daß in der Novelle auch die Beziehung des modernen Menschen zu der von ihm geschaffenen Technik angesprochen wird. Die Eisenbahn, zu Beginn der Industrialisierung das Sinnbild technischen Fortschritts – die Novelle ist 1887 geschrieben worden, die erste Eisenbahn fuhr 1835 in Deutschland – und häufig Gegenstand literarischer Gestaltung, wird dämonisiert, bedeutet ausschließlich Unglück und Gefahr.

Sie läßt Thiel verkümmern, reduziert ihn auf eine Stufe von Kreatürlichkeit, die ihn unfähig macht, sein Leben zu bewältigen. Der Versuch Thiels, sich seine Menschlichkeit, die sich in seiner Hinwendung zu Minna, in seinen mystischen Neigungen oder in seiner Religiosität zeigt, zu bewahren und mit dem Bereich rein zweckrationalen Handelns zu harmonisieren, scheitert. Die Eisenbahnstrecke eignet sich nicht als „geheiligtes Land, welches ausschließlich den Manen der Toten gewidmet sein sollte"; die moderne Technik walzt alles nieder.

2. Unterrichtsziele

Die Schüler

- erkennen, daß die Beschreibungen der natürlichen und technischen Umwelt über eine bloße Darstellung der realen Welt hinausgehen,
- erkennen, daß die beschreibenden Passagen auch Atmosphäre stiften sollen,
- erkennen, daß sich in ihnen das seelische Chaos Thiels spiegelt,
- erkennen die symbolische Bedeutung der Bahnstrecke,
- erkennen, daß die Symbolik durch Kontext und assoziative Verknüpfungen entsteht,
- erkennen, daß der Erzähler mit Hilfe von Wortwiederholungen, Vergleichen, Metaphern und Bildern assoziative Ketten entwickelt,
- erkennen, daß im „Bahnwärter Thiel" auch Hauptmanns Sicht der Stellung des Menschen gegenüber den modernen technischen Entwicklungen erkennbar wird.

3. Unterrichtsverlauf

3.1 Genaue Analyse der Textstellen S. 32, S. 34, S. 39f. (als Beispiel für eine uneingeschränkt positive Naturbeschreibung) und S. 45 in Partnerarbeit.

3.2 In welchem Handlungskontext stehen die genannten Erzählabschnitte? Was geht den Schilderungen voraus, was folgt ihnen?

S. 28ff. Thiel erlebt, wie Tobias geschlagen wird.
Thiel stellt einen Bezug zu Minna her.
S. 34 Thiel wird bewußt, daß Lene in sein „geheiligtes Land" eindringen wird.
Er gewinnt einen klaren „Ausblick".
S. 35f. Minnas Erscheinung, Sehnsucht Thiels nach Tobias.
S. 39 Tobias begleitet Thiel bei der Streckenrevision.
S. 44 Minna verlangt nach Rache – Wahnsinn Thiels.

Die Art der Naturbeschreibung ist ein Reflex auf die jeweilige psychische Verfassung Thiels. Auffallend ist, daß die Vorbeifahrt des Zuges mit einem Traum verknüpft und mit Minna assoziiert wird. Dies alles ist Beweis dafür, daß der

Erzähler Zusammenhänge zwischen der Schilderung von Welt und Innenleben herstellt.

3.3 Wie werden Natur, Bahngleise und Zug im einzelnen beschrieben? Welche Wirkung geht von den Dingen aus?
Zu beachten sind Wortwahl, insbesondere der Gebrauch der (Farb-)Adjektive, Vergleiche und Metaphern.

3.4 Überlegt, welche Zusammenhänge zwischen Thiels Innenleben und dieser Art von Schilderung nahegelegt werden.

3.5 Es gibt Schlüsselwörter, die vom Erzähler in verschiedenen Zusammenhängen verwendet werden. – Sammelt solche Schlüsselwörter und überlegt, welche Wirkung beabsichtigt ist. Die Ergebnisse können in einem Tafelbild festgehalten werden (vgl. S. 42). Es soll verdeutlichen, daß die Wiederholung einzelner Wörter bzw. Bilder in unterschiedlichen Zusammenhängen und in Verbindung mit verschiedenen Personen mit großer Zielgerichtetheit praktiziert wird, daß dadurch eine Verschränkung der verschiedenen Ebenen erreicht wird und daß so Leitmotive entstehen. Das Geflecht assoziativer Verknüpfungen mag den Schülern exemplarisch verdeutlichen, wie in einem literarischen Kunstwerk Bedeutungszusammenhänge geschaffen werden.
In das Tafelbild sind nicht die Verknüpfungen, die durch Farbangaben entstehen, aufgenommen worden.

3.6 Die Eisenbahn als Sinnbild des technischen Fortschritts. Einleitung durch den Lehrer:
Bisher haben wir die Bahnstrecke und die Züge als Darstellungsmittel des Erzählers begriffen, mit denen er die Wahnvorstellungen und die Wahnsinnsausbrüche Thiels und die Macht Lenes gegenüber Thiel ausdrückt. Zur Vieldeutigkeit der Bahn gehört aber auch, daß wir sie als Gegenstand sehen, der damals den technischen Fortschritt repräsentiert.
Mögliche Fragen:
- Wie werden Eisenbahn, Geleise, Telegraphenstangen beschrieben?
- Wie stellt Hauptmann den Menschen dar, der mit diesen Einrichtungen moderner Technik umgeht?
- Welche Wechselwirkungen zwischen Mensch und Technik bestehen bzw. entwickeln sich?
- Welches Verständnis von der Beziehung des Menschen zur Technik kann aus der Novelle erschlossen werden?

Das folgende Tafelbild fixiert vor allem Kräfte, die von der Technik auf den Menschen wirken. Das Tafelbild auf S. 42 stellt die sprachliche Verknüpfung der verschiedenen Bereiche dar.

Tafelbild: Auswirkungen der Technik auf den Menschen

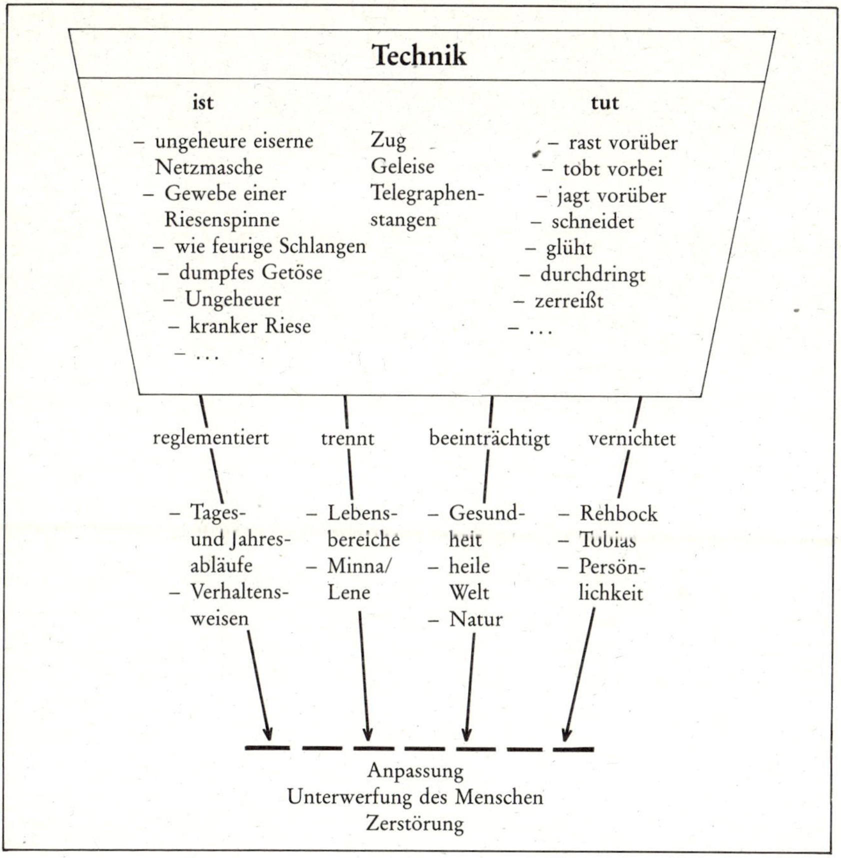

Tafelbild: Die sprachliche Verknüpfung verschiedener Bereiche – Das Geflecht von Leitmotiven

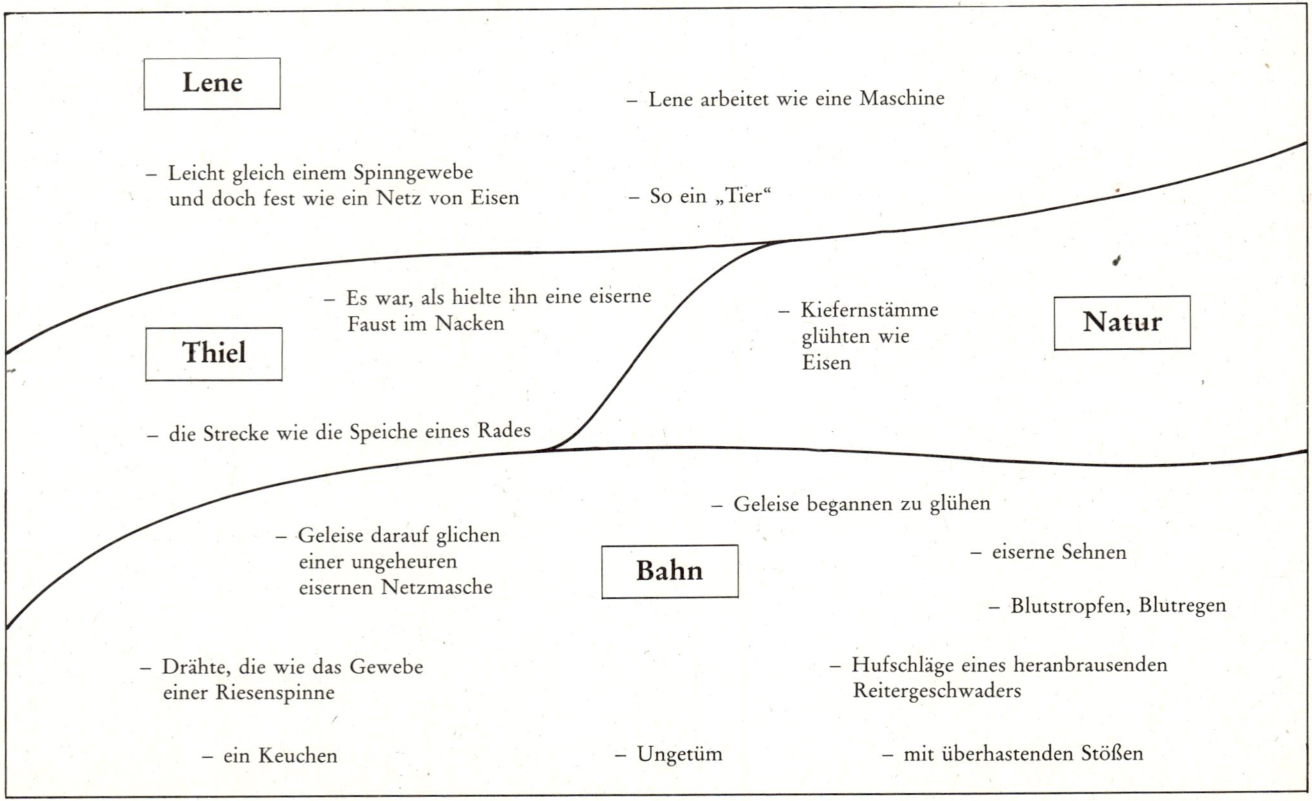

Thema: Erzähltechnische und sprachliche Mittel

1. Unterrichtszusammenhang

Die Novelle besticht nicht nur durch die assoziativen Verknüpfungen, sondern auch durch eine auffallende Komposition und bewußt eingesetzte Stilmittel. In dieser Sequenz soll die Aufmerksamkeit der Schüler u. a. auf Erzählweise, Rolle des Erzählers und Sprachstil gelenkt werden, wobei vom Lehrer darauf zu achten ist, daß die Schüler nicht nur Beobachtungen sammeln, sondern daß sie die Beobachtungen auf ihre Funktion innerhalb des Kontextes und für die Gesamtaussage befragen.

Es kann zu partiellen Überschneidungen mit den vorausgegangenen Sequenzen (besonders mit Sequenz VI) kommen, in denen bereits sprachliche Mittel Gegenstand der Analyse waren. Um den Schülern nicht das Gefühl zu geben, daß es zu unnötigen Wiederholungen kommt, sollte der Lehrer einzelne Gruppenthemen (vor allem Gruppe D) ganz streichen oder modifizieren.

Arbeitsteilige Gruppenarbeit wird für die Behandlung dieses Themas vorgeschlagen, weil sich die Schüler bei dieser Arbeitsform der gegenseitigen Hilfe versichern, das Material umfassender und schneller zusammentragen und bei der Auswertung zu differenzierteren Ergebnissen kommen können. Besonders die ersten drei Gruppenthemen sind so gewählt, daß ein Informationsfluß zwischen den Gruppen möglich und angeraten erscheint.

2. Unterrichtsverlauf

2.1 Gruppenarbeit (vgl. S. 44/45)

Übersicht über die Aufgaben und Hinweise für die Gruppen

Gruppe	Gruppenmitglieder	Aufgaben	Hinweise, Hilfen
A		Untersucht die Bauform, die Komposition der novellistischen Studie.	Achtet besonders auf die Einteilung in Kapitel. Überlegt, wodurch sich die Kapitel unterscheiden. Beachtet dabei Zeitangaben, Zeitraffung und Zeitdehnung, die Erzählerkommentare und die Diktion (chronikähnlich – berichtend – szenisch). Wo liegt der Schwerpunkt der Erzählung? Wo liegen Höhe- und Wendepunkt?
B		Untersucht das Zeitgerüst der Novelle im einzelnen.	Welche allgemeinen, welche exakten Zeitangaben finden sich im Text? Zeitspanne der gesamten Handlung, Verhältnis von erzählter Zeit und Erzählzeit, von Raffung, Deckung und Zeitdehnung? Wie korrespondiert die Gestaltung der Zeit mit der Bedeutsamkeit der jeweils erzählten Vorgänge?
C		Welche Rolle spielt der Erzähler?	Allwissender oder personaler Erzähler? Erzählerkommentare Direkte und indirekte Hilfen des Erzählers für den Leser Parteilichkeit des Erzählers
D		Untersucht die Wortwahl.	Achtet besonders auf die Wahl der Verben im Zusammenhang mit der Schilderung des Zuges. Attributive Adjektive und Partizipien Vergleiche. Welche Bereiche werden verglichen? Metaphern, Bilder, Personifikationen

Gruppe	Gruppenmitglieder	Aufgaben	Hinweise, Hilfen
E		Analysiert an ausgewählten Textstellen den Satzbau.	Solche Textstellen könnten sein – „Auch die Geleise ... über dem Waldwinkel zusammen." (S. 32) – „In diesem Augenblick öffnete ... sogleich wieder verschwand." (S. 29f.) Übergewicht von Hypotaxen/Parataxen Bedeutung der Partizipialsätze Zusammenhang zwischen Handlung und Satzbau
F		Welche Bedeutung haben die sehr zahlreichen Farbangaben?	Eine Möglichkeit der Analyse ist das rein statistische Auszählen der Farbangaben. Wo finden sie sich gehäuft? Hat eine bestimmte Farbe immer dieselbe Aussagewirkung? Welcher Zusammenhang besteht zwischen Bedeutung und jeweiligem Kontext? Wo haben Nomen und Adjektive Farbqualität? Farbangaben – Leitmotive?
G		Wo im Text gibt es Vorausdeutungen?	Sammelt solche Textstellen, von denen ihr glaubt, daß sie auf zukünftige Ereignisse der Handlung hinweisen. Unterscheidet zwischen zukunftsgewissen und zukunftsungewissen Vorausdeutungen. Welche Wirkung geht von den Vorausdeutungen aus?

2.2 Vortrag der Gruppenergebnisse

Thema: Das Menschenbild

1. Unterrichtszusammenhang

In den vorausgegangenen Sequenzen sind zahlreiche Einzelaspekte der Novelle, insbesondere einzelne Facetten der Thielschen Existenz, angesprochen worden. In dieser Sequenz geht es um die Frage, welches Allgemeinbild vom Menschen (und von der Welt) dieser Novelle zugrunde liegt, welche Vorstellungen von den Möglichkeiten menschlicher Existenz sie vermittelt. Dieser Unterrichtsschritt nimmt in der Abfolge aller Sequenzen eine besondere Stellung ein. Die vielfältigen Einzelergebnisse werden zusammengefaßt und gebündelt, von den konkreten Geschehnissen und Personen der Novelle soll bis zu einem gewissen Grade abstrahiert werden, das Allgemeine des „Falles Thiel" interessiert an erster Stelle; schließlich soll den Schülern vermittelt werden, wie radikal sich die Vorstellung vom Menschen in der Literatur des ausgehenden 19. Jahrhunderts wandelt und wie vehement der Naturalismus Fragen in die Literatur einführt, die für lange Zeit die moderne Literatur beschäftigen werden. Im Unterschied zu der idealen Überhöhung des Menschen insgesamt und seiner Würde im besonderen, wie sie in den literarischen Werken vorangegangener Epochen dargestellt worden sind, zeigt der Naturalismus den Menschen nicht nur in der Mühsal seines Daseins, sondern in seiner Determiniertheit und Fremdbestimmtheit, in seiner Abhängigkeit von Trieben und Affekten, in seiner Ohnmacht gegenüber dem Leben. Während in vorangegangenen Literaturepochen – geprägt auch durch den Einfluß und in der Tradition antiker Philosophen und Dichter – die Freiheit des Menschen idealisiert worden ist, verweist der Naturalismus auf menschliches Unvermögen, auf menschliche Beschränktheit und Abhängigkeit. Der Naturalismus gibt vor, den Menschen zu zeigen, wie er ist, und nicht, wie er sein soll.

Hauptmann macht mit dem Bahnwärter Thiel einen Menschen literaturfähig, dessen Leben von Mächten bestimmt ist, die er nicht begreift und auf die er völlig hilflos reagiert. Thiel, ein an sich feinfühliger und verletzlicher Mensch, ist dem Leben ohnmächtig ausgeliefert. Nirgends in der Novelle ist – anders als in der Literatur vorangegangener Epochen (die große Ausnahme bilden Büchners Figuren Woyzeck und Lenz) – die Freiheit und die Fähigkeit des Individuums zu eigenverantwortlicher Gestaltung des eigenen Lebens erkennbar. Ein Mensch, dem wie Thiel in einem solchen Maße Autonomie und Verantwortungsfähigkeit abgesprochen wird, der in weitgehender Isolierung von anderen Menschen lebt, kann für seine Handlungen nicht haftbar gemacht und schuldig gesprochen werden. Die Schuldfrage stellt sich nie ernsthaft, weil Thiel gar nicht die Möglichkeit hat, sich in einem inneren oder äußeren Konflikt zu entscheiden, bei dem er vor die Wahl zwischen gleichrangigen Werten gestellt würde.

Die Novelle benennt die Kräfte und Mächte, die die menschliche Existenz unerbittlich beherrschen, nicht eindeutig. Durch den häufigen und manchmal schon manierierten Gebrauch der Pronomen „etwas“ und „es“ vermeidet Hauptmann, genauere Hinweise geben zu müssen. Dennoch ist erkennbar, daß Hauptmann sich von der Vorstellung leiten läßt, daß vor allem zwei Einflußsphären auf den Menschen einwirken und seine Existenz entscheidend bestimmen: das Milieu und die ererbten Persönlichkeitsmerkmale. Die prägnante Darstellung der Lebensbedingungen Thiels zeigt, daß Hauptmann den Einfluß der sozialen und ökonomischen Verhältnisse auf den Menschen als prägenden Faktor anerkennt, gleichzeitig mißt er aber auch den in der Person angelegten Merkmalen offensichtlich große Bedeutung bei. Thiel ist keinesfalls ausschließlich gesellschaftlich determiniert, auch die in ihm verwurzelten Persönlichkeitsmerkmale bestimmen ihn. Zwischen beiden Bereichen gilt nicht im Sinne einer Kausalkette das Prinzip von Ursache und Wirkung; es werden jedoch Interdependenzen nahegelegt. Thiels Weg in die Katastrophe ist ohne den bestimmenden Einfluß beider Faktoren nicht vorstellbar. Während aber die Ursachen und Folgen der psychischen Konflikte Thiels deutlich dargestellt und Zusammenhänge aufgezeigt werden, wird das Milieu nur beschrieben, nicht analysiert und bewertet. Auch das Problem der Verantwortung und Schuld für Thiels Zustand wird über die genannten Zusammenhänge hinaus nicht vertieft. Der Bahnwärter Thiel bedeutet die Absage an die Vorstellung, der Mensch sei ein vernunftbegabtes Wesen, das in freier Selbstbestimmung sein Leben gestalte; vielmehr erscheint der Mensch durch seine biologischen Anlagen, durch seine psychische Verfassung, durch die mannigfaltigen sozialen Einflüsse unfrei und determiniert.

Je nach Leistungsfähigkeit der Lerngruppe wird der Lehrer zwischen einem induktiven oder deduktiven Weg zur Erreichung des Ziels wählen.

Er muß sich darauf einstellen, daß den Schülern die Distanz zur Novelle und ihrer Hauptfigur fehlt, um aus dem Besonderen das Allgemeine zu erschließen. Das Vorhaben würde leichter, wenn der Lehrer auf Literatur vergangener Epochen zurückgreifen könnte (zum Beispiel „Wilhelm Tell“, „Der Schimmelreiter“, „Kleider machen Leute“), um mit Hilfe des Vergleichs das Neue der naturalistischen Weltanschauung deutlich zu machen.

Der Lehrer muß damit rechnen, daß sich Jugendliche gegen die Darstellung des Menschen als eines wehrlosen Spielballs von Mächten, die er nicht beeinflussen kann, wehren werden. Deshalb erscheint es sinnvoll, die Schüler anzuregen, daß sie *ihr* Bild vom Menschen entwerfen.

2. Unterrichtsziele

Die Schüler
- erarbeiten selbständig das in der Novelle dargestellte Menschenbild,
- tragen ihre Ergebnisse vor,
- diskutieren ihre Ergebnisse,
- vergleichen ihre Ergebnisse mit denen des Lehrers,
- erkennen, daß Milieu und Erbfaktoren auf Thiel einwirken und ihn bestimmen,
- erkennen, daß Thiel nicht ausschließlich vom Milieu determiniert ist, sondern daß ebenfalls die in ihm vorhandenen Persönlichkeitsmerkmale ihn bestimmen,

- stellen fest, daß es zwischen beiden Bereichen Interdependenzen gibt,
- erkennen, daß Thiel infolge seines Eingebundenseins und seiner Abhängigkeit von gesellschaftlicher Umwelt und der psychischen und biologischen Determinanten unfrei, abhängig und ohnmächtig ist,
- erkennen, daß die Umwelt nur beschrieben, nicht analysiert wird,
- erkennen, daß das Problem der Verantwortung und Schuld für Thiel über die genannten Zusammenhänge hinaus in der Novelle nicht behandelt wird.

3. Unterrichtsverlauf

3.1 Arbeitsauftrag

Die Schüler erhalten den Arbeitsauftrag, aufgrund der Lektüre der Novelle, der Ergebnisse der bisherigen Unterrichtsarbeit und der eigenen Erfahrungen das in der Novelle gezeichnete Menschenbild herauszuarbeiten.

a) Wie wird Thiel dargestellt? Skizziert Thiels Zustand stichwortartig.
b) Welche beiden Bereiche oder Einflußsphären prägen und bestimmen Thiels Existenz?
c) Kennzeichnet sie stichwortartig.
d) Welche Beziehungen bestehen zwischen beiden Einflußsphären im Hinblick auf Thiels Zustand?
e) Was wird über das Problem der Verantwortung und Schuld für Thiels Existenz ausgesagt?

3.2 Erarbeitungsphase

In Einzel-, Partner- oder Gruppenarbeit stellen die Schüler das in der Novelle enthaltene Menschenbild dar.

3.3 Darstellungsphase, Diskussionsphase

Die Schüler tragen ihre Ergebnisse vor und diskutieren darüber.

3.4 Ergebnissicherung

Der Lehrer faßt die Ergebnisse der vorangegangenen Phase in einer Strukturskizze an der Tafel zusammen.

3.5 Ergebnisvergleich

Sollten sich die Schülerergebnisse erheblich von den avisierten Ergebnissen (Tafelbild Seite 49) unterscheiden, initiiert der Lehrer ein fragend-entwickelndes Gespräch mit dem Ziel, daß die Schüler sich mit anderen Positionen auseinandersetzen.

3.6 Reflexion

a) Kritik äußern über das Menschenbild in der Novelle.
b) Vergleich des naturalistischen Menschenbildes mit dem aus einem literarischen Werk einer vorangegangenen Epoche.

3.7 Evtl. Gegenbild entwerfen

4. Hausaufgabe

Lest den Text über die Literaturepoche „Naturalismus“ (M 5, S. 69) durch. – Gliedert in Abschnitte und formuliert für die Abschnitte Überschriften. Unterstreicht wichtige Aussagen.

Tafelbild: Das Bild des Menschen

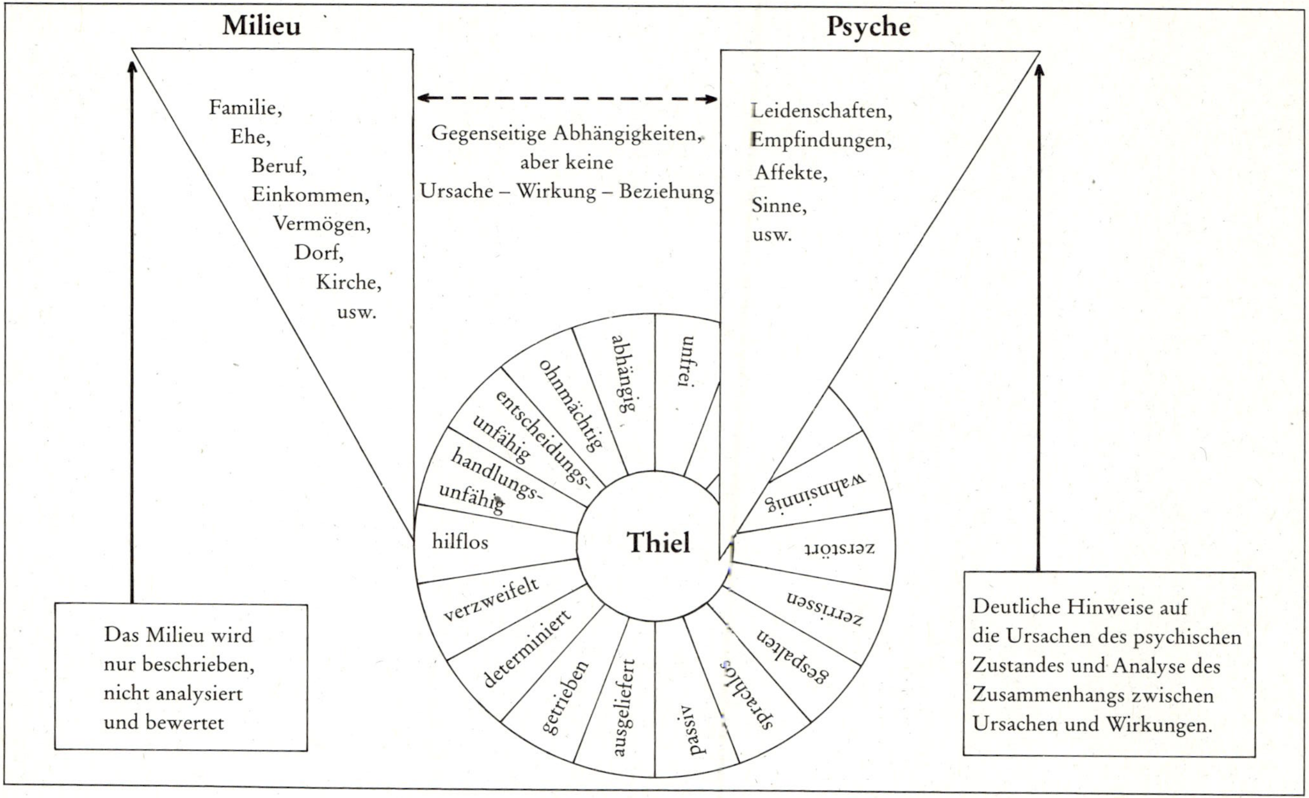

Thema: Literaturepoche „Naturalismus" und literaturhistorische Einordnung der novellistischen Studie „Bahnwärter Thiel"

Material: – „Naturalismus" (M 5, S. 69)
– eventuell Auszug aus Holz/Schlaf: „Die papierne Passion (Olle Kopelke)", (M 4, S. 65)

1. Unterrichtszusammenhang

Ziel dieser Unterrichtssequenz ist es, den Schülern – möglicherweise zum ersten Mal – zu vermitteln, daß es zu bestimmten Zeiten dominierende politische, soziale, ideengeschichtliche und ästhetische Auffassungen gibt, die es erlauben, eine so geprägte Zeit als relative Einheit zu verstehen und begrifflich zu fixieren, und daß es möglich ist, künstlerische Werke Epochen zuzuordnen oder zumindest zu prüfen, wieweit sie im Einklang mit einer Epoche stehen. – Der Naturalismus weist sehr typische Merkmale auf und eignet sich deshalb in besonderer Weise, in eine literarische Epoche und die Zusammenhänge eines Werkes mit der jeweiligen Zeit einzuführen.

Vor allem aus Gründen der Arbeitsökonomie ist davon abgesehen worden, alles das, was den Naturalismus konstituiert (z. B. auch seinen politischen Hintergrund), durch Quellenmaterial vorzustellen. Auch der Weg, aus der Novelle „Bahnwärter Thiel" Merkmale des Naturalismus in einem induktiven Verfahren zu erschließen, erscheint allein deshalb nicht gangbar, weil der Text nur bedingt naturalistische Epochenmerkmale repräsentiert.

Die Schüler sollen zunächst den theoretischen Text über Naturalismus bearbeiten und dann auf deduktiven Weg naturalistische Züge im „Bahnwärter Thiel" erschließen. Bei der Behandlung des theoretischen Textes muß der Lehrer sich darauf einstellen, daß den Schülern einzelne Begriffe zu abstrakt und daß ihnen, wenn sie die Zeit der Industrialisierung und der Gründerjahre noch nicht behandelt haben, die im Text enthaltenen Hinweise zu allgemein erscheinen. Hilfen durch den Lehrer wären für diesen Fall erwünscht.

In einem zweiten Ansatz sollte der Text selektiv gelesen werden, und zwar sollten jene Aspekte besondere Beachtung finden, die einen Vergleich mit „Bahnwärter Thiel" erlauben (vgl. Arbeitsblatt/Tafelbild). Beim Vergleich muß deutlich werden, daß Hauptmann in bezug auf Thema, Gegenstand, Bild vom Menschen, soziale Frage naturalistischer Programmatik verpflichtet ist, daß er aber im Bereich der Darstellungstechnik und des Stils deutlich von naturalistischen Ideen abweicht. Für den Fall, daß Schüler mit Begriffen wie Detailtreue, fotografisch genaue Wiedergabe, Sekundenstil keine konkreten Vorstellungen verbinden, kann der Lehrer den Auszug aus „Die papierne Passion" von Holz/Schlaf einsetzen, der das Stilprinzip des Naturalismus besonders gut veranschaulicht und die Andersartigkeit des Hauptmannschen Erzählens deutlich hervortreten läßt.

2. Unterrichtsziele

Die Schüler
- erfahren, daß die Geschichte der Literatur in Epochen gegliedert ist,
- lernen den Naturalismus als eine Epoche kennen und können ihn zeitlich einordnen,
- kennen die den Naturalismus konstituierenden Merkmale, seine politischen und sozialen Hintergründe und seine Entwicklung in Deutschland,
- können die novellistische Studie „Bahnwärter Thiel“ literaturhistorisch einordnen,
- erkennen, daß Hauptmann in bezug auf Sujet, Thematik, Personen und Darstellung des Menschen als ein naturalistischer Autor zu bezeichnen ist,
- erkennen, daß im „Bahnwärter Thiel“ der Erzähler als bestimmende Größe sehr häufig präsent ist,
- erkennen, daß in „Bahnwärter Thiel“ die Sprache keineswegs – wie vom Naturalismus gefordert – nur dazu dient, Wirklichkeit abzubilden, sondern daß sie Bildlichkeit, Anschaulichkeit und Expressivität schafft.

3. Unterrichtsverlauf

3.1 Die Schüler referieren den Inhalt des Textes „Naturalismus“.

3.2 Die dem Text zugrunde liegende Gliederung und die von den Schülern formulierten Überschriften werden besprochen.

Folgende übergreifende Überschriften sind denkbar:
- Die weltanschaulichen Grundpositionen
- Der gesellschaftliche Hintergrund
- Methoden und Mittel

3.3 Wir wollen noch einmal genauer ermitteln, welche Zielvorstellungen der Naturalismus in bezug auf Themen und Gegenstände, das Bild vom Menschen, die Rolle des Erzählers, die Erzähltechnik und die Sprache entwickelt. In einem zweiten Schritt wollen wir untersuchen, inwieweit die Novelle „Bahnwärter Thiel“ mit diesen sicher idealtypischen Vorstellungen übereinstimmt bzw. von ihnen abweicht.

Der Lehrer kann die folgende Übersicht als Arbeitsblatt an die Schüler austeilen; die Schüler füllen das Arbeitsblatt insgesamt oder nur in Teilen (z. B. linke Spalte) in Still- oder Partnerarbeit aus. Die Übersicht kann aber auch als Tafelbild entwickelt werden:

	Naturalismus als literarische Epoche	„Bahnwärter Thiel“
Gegenstände, Themen	– das Alltägliche, Niedrige, Häßliche, Trieb- und Krankhafte – Armut, Ausbeutung, Wohnungsnot, ärztliche Unterversorgung – armselige Existenz	– Progression einer psychischen Krankheit → Wahnsinn – Triebhaftigkeit – Armut – disharmonische Beziehung zu Mitmenschen – geistige Enge und Verkümmerung – Isolation
Bild vom Menschen	– Produkt von Milieu und Vererbung – Sinne und Triebe dominieren	– Thiel kann seine Triebhaftigkeit nicht kontrollieren – Lenes sexuelle Reize – Thiels Wahnsinn – Thiel Gefangener seiner sehr begrenzten Ordnung – abhängig von seinem Beruf – Thiel wirkt unfrei und in seiner Entwicklung determiniert
Rolle des Erzählers	– keine Freiheit zur Erfindung, zur Auswahl oder subjektiv bestimmten Anordnung des Stoffes – chronologisches Erzählen – Kunst = Natur – X (X → O) – Annäherung von Erzählzeit und erzählter Zeit	– Erzähler verfügt im ersten Abschnitt frei über die Ereignisse – Erzählerkommentare – Zeitraffung, bedeutet Auswahl durch Erzähler – Erzähler stiftet durch Auswahl und Anordnung des Stoffes, aber auch durch die Sprache übergeordnete Zusammenhänge
Sprache und Stil	– Wiedergabe von Details – fotografisch genaue Darstellung – Sekundenstil – Dialekt – Umgangssprache – Ellipsen – kein Vers, kein Pathos, gegen Symbole	– Wechsel von stark und weniger stark raffenden Passagen – Wechsel von berichtender und szenischer Darstellung – kein Dialekt, keine Umgangssprache, keine Dominanz von Ellipsen – dagegen Bilder, Metaphern, Vergleiche, Symbolik – wörtliche Rede nur begrenzt – z. T. pathetische Sprache

3.4 Die Schüler fassen in mündlicher Form die wesentlichen Ergebnisse knapp zusammen.

Thema: Naturalismus in der bildenden Kunst

Material: – Text „Die optische Präzision“ von Hamann/Hermand (M 6, S. 72)
– Gemäldereproduktionen (M 7, S. 76ff.)
– eventuell Dias, Postkarten, Bildbände, Kunstkalender

1. Unterrichtszusammenhang

Diese Unterrichtssequenz steht in engem Zusammenhang mit der vorigen, weil sie die Ausprägung naturalistischen Denkens und Kunstverständnisses speziell in der Malerei thematisiert. – In der Geschichte der bildenden Kunst hat es – ebenso wie in der Geschichte der Literatur – immer wieder naturalistische Tendenzen als Gegenbewegung gegen einseitig idealistische gegeben, aber erst in der zweiten Hälfte des 19. Jahrhunderts hat die Forderung, daß die Kunst nichts anderes als das Abbild der Natur sein solle, solchen Absolutheitsanspruch gewonnen, daß man auch in der bildenden Kunst, speziell in der Malerei, von einer naturalistischen Epoche sprechen kann. Allerdings muß eingeräumt werden, daß in der bildenden Kunst die programmatische und gestalterische Abgrenzung gegenüber dem Realismus weniger ausgeprägt ist als im Bereich der Literatur. Wenn mit der Aufnahme dieser Sequenz in die Unterrichtseinheit vorgeschlagen wird, die Beschäftigung mit einer Epoche auf die bildende Kunst auszudehnen, dann geschieht dies in der Absicht, zum einen den Schülern die Vorstellung zu vermitteln, daß sich Literatur und Malerei sehr häufig um ähnliche Antworten auf gemeinsame weltanschauliche Tendenzen ihrer Zeit bemühen, zum anderen dem Lehrer die Chance zu einem fächerübergreifenden Unterricht zu eröffnen. Der Text „Die optische Präzision“ enthält in seinem Anfangsteil, wo es um die prinzipielle Einstellung zur Wirklichkeit geht, ähnliche Aussagen wie die Ausführungen über den Naturalismus in der Literatur, erläutert dann aber die für die naturalistische Malerei spezifischen Ausdrucksmittel gemeinsamer weltanschaulicher Positionen.

Da der Text „Die optische Präzision“ klar gegliedert und in seinem gedanklich-logischen Aufbau (Thesen, Erläuterungen, Erklärung durch Abgrenzung von anderen Epochen, Beispiele, Folgerungen) sehr schlüssig ist, eignet er sich auch in besonderer Weise, daß er unter dem Aspekt seiner argumentativen Struktur analysiert wird. Das methodische Konzept des Lehrers wird zum Beispiel davon abhängen, ob er Sequenz IX in seinen bisherigen Unterricht einbezogen hat und ob die Schüler aus dem Kunstunterricht Vorkenntnisse über Bildbetrachtungen und Epochen mitbringen. Sollte ersteres der Fall sein, kann der Unterricht den Akzent auf eine vergleichende Betrachtung der beiden Texte „Naturalismus“ (M 5) und „Die optische Präzision“ (M 6) legen, sollte letzteres zutreffen, könnte die Bildanalyse in Gruppenarbeit am Beginn der Sequenz stehen.

Die im Schülerheft abgedruckten Schwarzweißreproduktionen können nur begrenzt eine Vorstellung naturalistischer Malerei vermitteln. Museen, die im Besitz der Gemälde sind, halten in aller Regel farbige Dias oder Postkarten bereit. Bildbände und Kunstkalender sind eine weitere Fundstelle.

2. Unterrichtsziele

Die Schüler

- erkennen, daß bildende Kunst und Literatur am Ende des 19. Jahrhunderts gleiche oder ähnliche weltanschauliche Auffassungen vertreten,
- wissen, welche Gegenstände und Themen die naturalistische Malerei bevorzugt,
- wissen, welcher künstlerischer Mittel sich die naturalistischen Maler bedienen, um ihre Wirklichkeitsauffassung zur Geltung zu bringen,
- üben sich in der Bildbetrachtung und Bildanalyse,
- erkennen typisch naturalistische Stilmerkmale,
- können den Text gliedern und dessen gedanklich-logische Struktur beschreiben.

3. Unterrichtsverlauf

3.1 Analyse des Textes unter inhaltlichem und argumentativen Aspekt in Stillarbeit. – Randnotizen, mehrfarbig unterstreichen.

3.2 Einzelvortrag der inhaltlich wesentlichen Aussagen

- Allgemeine Zielsetzung der naturalistischen Malerei
- „Eigentliche“ Leistung des Naturalismus
- Bevorzugte Darstellungsmittel

3.3 Fragend-entwickelndes Unterrichtsgespräch über die Art, wie die Autoren dem Leser das Thema nahebringen.

- Welche Gliederung ist erkennbar?
- Gibt es eine argumentative Progression?
- Wo finden sich Thesen?
- Welche Bedeutung haben Erläuterungen?
- Zahl und Art der Beispiele
- Welche Bedeutung haben die Hinweise auf andere Epochen?
- Bedeutung der Negativ-Erklärungen
- Welche Einstellung der Autoren zur naturalistischen Malerei wird erkennbar?

3.4 Sofern M 5 („Naturalismus“) zuvor gelesen und bearbeitet worden ist: Welche Gemeinsamkeiten, welche Unterschiede des Kunstverständnisses gibt es in der Literatur und in der Malerei?

3.5 Analyse der im Schülerheft abgedruckten Bilder (M 7, S. 76ff.) in Gruppenarbeit. – Die Kriterien der Bildanalyse können dem Text „Die optische Präzision“ entnommen werden. Falls der Lehrer auf den Text verzichtet hat oder ihn erst nach der Bildanalyse einsetzen will, sollte er die Kriterien den Schülern an die Hand geben.

3.6 Vortrag der Gruppenergebnisse und anschließendes Unterrichtsgespräch über die Kurzreferate.

4. THEMENVORSCHLÄGE FÜR KLASSENARBEITEN/ KLAUSUREN

Welcher der folgenden Themenvorschläge ausgewählt wird, hängt ab vom Alter der Schüler, also der Jahrgangsstufe, auf der „Bahnwärter Thiel“ besprochen worden ist, von der Leistungsfähigkeit der Lerngruppe und von den Einzelthemen, die während der Unterrichtseinheit bearbeitet worden sind. Einige Themen verlangen eine vorrangig reproduktive Leistung, andere legen vor allem ein deskriptives Verfahren nahe, eine dritte Gruppe erfordert eine selbständige und weiterführende Bearbeitung.

- Charakterisiere Thiel und zeige auf, in welchem Spannungsfeld er lebt.
- Beschreibe und erkläre Thiels Verhältnis zu den Frauen.
- Beschreibe und erkläre die Darstellung der Natur in „Bahnwärter Thiel“.
- Erläutere die Ursachen, die in „Bahnwärter Thiel“ zur Katastrophe führen.
- Schreibe einen sehr knappen Bericht (Inhaltsangabe) über die Handlung der Novelle „Bahnwärter Thiel“, und kommentiere die wesentlichen Ereignisse.
- Verfasse das Plädoyer eines Verteidigers in einem Prozeß, der Thiel gemacht wird.
- Wie wird die Technik in „Bahnwärter Thiel“ dargestellt, und welche Bedeutung hat sie für die Gesamtaussage der Novelle?
- Erkläre, warum der Tod von Tobias und der zweifache Mord als Endglieder einer Kausalkette erscheinen.
- Weitere Themenvorschläge können aus den Auszügen aus der Sekundärliteratur (M 2, S. 52ff.) gewonnen werden, sofern die Texte noch nicht eingehend im Unterricht besprochen worden sind.
- Themenvorschläge mit Zusatztexten s. folgende Seiten.

– **Text:** *Gerrit Engelke:* „Lokomotive"

Da liegt das zwanzigmeterlange Tier,
Die Dampfmaschine,
Auf blankgeschliffener Schiene
Voll heißer Wut und sprungbereiter Gier –
Da lauert, liegt das langgestreckte Eisen-Biest –
   Sieh da: wie Öl- und Wasserschweiß
Wie Lebensblut, gefährlich heiß
Ihm aus den Radgestängen: den offnen Weichen fließt.
Es liegt auf sechzehn roten Räder-Pranken,
Wie fiebernd, langgeduckt zum Sprunge
Und Fieberdampf stößt röchelnd aus den Flanken.
Es kocht und kocht die Röhrenlunge –
Den ganzen Rumpf die Feuerkraft durchzittert,
Er ächzt und siedet, zischt und hackt
Im hastigen Dampf- und Eisentakt, –
Dein Menschenwort wie nichts im Qualm zerflittert.
   Das Schnauben wächst und wächst –
Du stummer Mensch erschreckst –
Du siehst die Wut aus allen Ritzen gären –
   Der Kesselröhren-Atemdampf
Ist hochgewühlt auf sechzehn Atmosphären:
Gewalt hat jetzt der heiße Krampf:
   Das Biest es brüllt, das Biest es brüllt,
   Der Führer ist in Dampf gehüllt –
Der Regulatorhebel steigt nach links:
Der Eisen-Stier harrt dieses Winks!:
   Nun bafft vom Rauchrohr Kraftgeschnauf:
   Nun springt es auf! nun springt es auf!

Doch:
Ruhig gleiten und kreisen auf endloser Schiene
Die treibenden Räder hinaus auf dem blänkernden Band.
Gemessen und massig die kraftangefüllte Maschine,
Der schleppende, stampfende Rumpf hinterher –

Dahinter – ein dunkler – verschwimmender Punkt –
Darüber – zerflatternder – Qualm –   (1912)

(Aus: Gerrit Engelke. Das Gesamtwerk. Rhythmus des neuen Europa. Hrsg. von Hermann Blome. München: List 1960. – Zitiert nach Wolfgang Minaty (Hrsg.): Die Eisenbahn. Gedichte, Prosa, Bilder. Frankfurt: Insel 1984, S. 165 f.)

Aufgabe: Vergleiche die Darstellung der Eisenbahn im Gedicht „Lokomotive" von Gerrit Engelke mit derjenigen in „Bahnwärter Thiel". – Achte bei dem Vergleich besonders darauf, wie der Zug bzw. die Lokomotive beschrieben wird, welche Rolle dem Menschen zukommt und ob die Bahn eher positiv oder negativ gesehen wird.

– **Text:** Auszug aus einer 1892 geschriebenen Besprechung von Felix Hollaender

[...] Bahnwärter Thiel heiratete ein schmächtiges, blasses Frauenzimmerchen, das sich dem knochigen Manne mit dem Kinderherzen anschmiegt. Eine Zeit zarten, lauen Glückes, bis Frau Thiel, der Ehe nicht gewachsen, frühe Sterbeglocken läuten. Als der Bahnwärter, dieweil ein kleines Lebewesen vom ersten Bette da ist, zum zweiten Male freite[1], hat sich ihm unbewußt über der Gestalt der Seligen ein feiner, silberiger Schimmer gebreitet. Und jetzt erst setzt die Novelle ein mit ihrer großen und erschütternden Tragik – ein sexuelles Problem beginnt, dessen sensitive[2] Eigenart mir in der deutschen Literatur einzig dazustehen scheint. Wie der Bahnwärter vor den breiten Hüften und dem schwellenden Busen seines gesundheitstrotzenden, brutalen Weibes jedwede Manneskraft verliert – wie er lüsterne, begehrliche Blicke nach ihr wirft – zu ihrem bettelnden Sklaven wird, der nach ihrer Pfeife tanzt, der vor jedem ihrer bösen Blicke bebt und doch die Zeit nicht erwarten kann, wo er nach verrichtetem Dienste zu ihr heimkehren darf, wie er, der seinem armen Wurme eine Mutter geben wollte, sich scheuen Blickes nicht zu mucksen traut, wenn der Kleine mit dem kreidigen Gesicht und dem roten, struppigen Haar gestoßen und gepufft wird – das ist in einer Fülle meisterhafter Züge wiedergegeben. Und doch sehe ich hierin nicht den eigentlichen Schwerpunkt, den innerlichen Wert der Dichtung. Wäre in der Novelle nur nach dieser Richtung das Problem gestaltet worden, sie hätte niemals auf eine tiefere Bedeutung Anspruch machen können.

Aber Hauptmann erweitert seinen Vorwurf, schafft einen Konflikt, der in sich den tragischen Ausgang bedingt: der Bahnwärter schämt sich seiner niedrigen Triebe, er schämt sich ihrer im Andenken an die verstorbene Frau, und je stärker seine sinnliche Liebe wächst, um so tiefer fühlt er das Bedürfnis mit der Heimgegangenen seinen Kult zu treiben in der einsamen Stille seines Wärterhäuschens.

In dieser Kontrastierung grober Sinnlichkeit und übergeistigter, fast religiöser Liebe, die in mystische[3] Stimmungen überschlägt, liegt der Novelle Eigenart. Alles Andere wird daraus begreiflich. Man fühlt, daß das Bahnunglück, das zu dem ein wenig sensationellen Schlusse führt, nur der äußere Anlaß ist, man fühlt, daß irgendein Ereignis eintreten muß, um die tragische Katastrophe herbeizuführen. [...]

(Aus: „Freie Bühne für den Entwicklungskampf der Zeit." Organ des Vereins „Freie Bühne". Berlin: Fischer 1892, S. 767 ff.)

Aufgabe: Arbeiten Sie den Schwerpunkt heraus, den Hollaender in seiner Besprechung legt, und erörtern Sie, inwieweit dieser Schwerpunkt Ihrem Verständnis von „Bahnwärter Thiel" entspricht.

1 *freien:* heiraten
2 *sensitiv:* feinnervig; überempfindlich
3 *mystisch:* geheimnisvoll

– **Text:** Auszug aus „Gerhart Hauptmanns Novelle ‚Bahnwärter Thiel'" von Irene Heerdegen

[...] Kommen wir abschließend zu einer zusammenfassenden Einschätzung dieses Jugendwerkes Hauptmanns. Mit der Wahl des Sujets[1], dem tragischen Schicksal eines *Bahnwärters*, gelingt dem Dichter ein neuer bedeutender Schritt. War bisher in der deutschen Epik eine der Novelle verwandte Konfliktstruktur wesentlich dem Helden mit intellektueller Physiognomie[2] vorbehalten, so gestaltet Hauptmann in seinem Werk die seelische Krise eines *Plebejers*[3]. Er nimmt das Seelenleben des Mannes aus den unteren Volksschichten ernst und vertieft sich in dessen Vorstellungswelt mit einem Einfühlungsvermögen, das lebhafte Anteilnahme am Geschick dieser Schichten verrät. Ausgehend von der sozialen Lage des Helden entwickelt er eine Konfliktsituation, die Thiel zwingt, über sein Leben nachzudenken und nach einem Ausweg aus den unerträglich gewordenen Verhältnissen zu suchen. Hauptmann läßt den Bahnwärter in seiner Not alle ihm verfügbaren „Hilfsmittel" ergreifen, die geeignet sind, seine seelischen Reserven im Ringen um ein befriedigendes Leben zu aktivieren. Auf diese Weise studiert der Dichter die Voraussetzungen, die ein solcher Plebejer besitzt, um seinen drückenden Lebensumständen Widerstand entgegenzusetzen. Er gibt dem verzweifelten Kampf dieses Mannes um ein menschenwürdiges Dasein überzeugend Ausdruck und rechtfertigt damit den Anspruch seiner Schicht auf Lebensbedingungen, die wahre Befriedigung gewähren und eine Entwicklung seelischer und geistiger Kräfte ermöglichen.

Wahl und Gestaltung des Sujets weisen freilich von vornherein auf einen negativen Ausgang dieses Kampfes. Die soziale Stellung Thiels, vor allem aber die völlige Isolierung, in die Hauptmann den Bahnwärter stellt, lassen ihn prädestiniert[4] erscheinen für ein Scheitern in einem Konflikt. Dieser Isolierung muß bei einer Einschätzung und Erklärung des Werkes besondere Aufmerksamkeit gelten. Sie unterstreicht – um vom Inhaltlichen auszugehen – die Ausweglosigkeit der Situation des Bahnwärters. Im Hinblick auf die künstlerische Gestaltung stellt sie ein ernstes Hindernis dar für eine realistische Entwicklung des Charakters Thiels. Werden doch in der Novelle die mannigfaltigen Beziehungen des Helden zur Umwelt, aus denen jedes bedeutende realistische Kunstwerk Charaktere erhellt und entwickelt, durch die Beziehungen des Bahnwärters zur Natur ersetzt, die wesentlich die Funktion einer Erläuterung der Vorgänge in seinem Inneren übernimmt.

Vergegenwärtigen wir uns die Zeit, in der die Novelle entstand, so wird klar, daß Wahl und Gestaltung eines solchen Vorwurfs bestimmt sein mußten von der verhängnisschwangeren Situation einer herannahenden Krise. Die weltanschaulichen Voraussetzungen Hauptmanns wiesen ihn auf eben diese indi-

1 *Sujet:* Stoff einer künstlerischen Darstellung
2 *Physiognomie:* Gesichtsausdruck
3 *Plebejer* nannte man im antiken Rom die besitzlosen Volksschichten. Das Wort wird heute häufig in abwertender Bedeutung verwandt, hier ist es jedoch im ursprünglichen Sinne gemeint.
4 *prädestinieren:* vorherbestimmen

rekte Widerspiegelung der gesellschaftlichen Vorgänge, die seine ganze Anteilnahme erregten.

Schon die vorangegangene Novelle „Fasching“ bringt unmißverständlich die Depressionsstimmung jener Jahre zum Ausdruck. Auch hier ist der Held zum Untergang verurteilt. Der Segelmacher Kielblock wird in einem Dasein, das Lebensfreude und Übermut bestimmten, von einem unheimlichen Geschick ereilt, er versinkt mit Frau und Kind während einer Schlittenfahrt im See. Während hier jedoch die Katastrophe gleich einer schicksalhaften Macht plötzlich von außen über die Familie hereinbricht, erhält sie im „Bahnwärter Thiel“ ganz anderes Gewicht, indem sie letzten Endes aus der sozialen Problematik des Helden erwächst. Dies bedeutet gegenüber dem ersten novellistischen Versuch Hauptmanns einen wesentlichen Fortschritt. [...]

(Aus: Irene Heerdegen: „Gerhart Hauptmanns Novelle ‚Bahnwärter Thiel‘“. – In: Zeitschrift für deutsche Literaturgeschichte. Weimar 1958, S. 358)

Aufgabe: Stellen Sie dar, von welchem Standpunkt aus die Autorin Hauptmanns Novelle versteht, und setzten Sie sich kritisch damit auseinander.

5. AUSGEWÄHLTE SEKUNDÄRLITERATUR

Heerdegen, Irene: Gerhart Hauptmanns Novelle „Bahnwärter Thiel". – In: Zeitschrift für deutsche Literaturgeschichte. Weimar 1958, S. 348 ff.

Krämer, Herbert: Gerhart Hauptmann. „Bahnwärter Thiel". München: Oldenbourg 1980

Martini, Fritz: Gerhart Hauptmann. „Bahnwärter Thiel". – In: Fritz Martini: Das Wagnis der Sprache. Stuttgart: Klett [3]1958, S. 56 ff.

Martini, Fritz: Nachwort zu Gerhart Hauptmann: „Bahnwärter Thiel". Stuttgart: Reclam 1982, S. 48 ff.

Neuhaus, Volker: Gerhart Hauptmann. „Bahnwärter Thiel". Erläuterungen und Dokumente. Stuttgart: Reclam 1982

Ordon, Marianne: Unconscious Contents in „‚Bahnwärter Thiel'". – In: Germanic Review 26 (1951), S. 223 ff.

Post, Klaus D.: Gerhart Hauptmann. „ Bahnwärter Thiel". Text, Materialien, Kommentar. München: Hanser 1979

Requadt, Paul: Die Bilderwelt in Gerhart Hauptmanns „Bahnwärter Thiel". – In: Minotaurus. Hrsg. v. Alfred Döblin. Wiesbaden o. J. (1957), S. 102 ff.

„Schriftsteller der Gegenwart". Gerhart Hauptmann. Berlin: Volk und Wissen [4]1961

Schrimpf, Hans Joachim (Hrsg.): Gerhart Hauptmann. Darmstadt: Wissenschaftliche Buchgesellschaft 1976

Spielmann, Hans Robert: Hauptmanns „Bahnwärter Thiel" – Psychose, Neurose, Rollenklischee, Dingsymbol. Einige Ergebnisse aus dem Literaturunterricht der Sekundarstufe II. – In: Diskussion Deutsch. 18. Jg./H. 93. Frankfurt: Diesterweg 1987, S. 75 ff.

Sprengel, Peter: Gerhart Hauptmann. Epoche – Werk – Wirkung. München: Beck 1984

Tank, Kurt Lothar: Gerhart Hauptmann in Selbstzeugnissen und Bilddokumenten. Hamburg: Rowohlt 1959 (rowohlts monographien. Bd. 27)

Uhland, Friedwart: Naturalismus. Hauptmann, Strindberg, Holz/Schlaf. Schüler- und Lehrerband. Stuttgart: Metzler 1980. (Deutsch in der Sekundarstufe II. Kurs 9)

von Wiese, Benno: Gerhart Hauptmann. „Bahnwärter Thiel". – In: Benno von Wiese: Die deutsche Novelle von Goethe bis Kafka. Düsseldorf: Bagel 1959, S. 268 ff.

Zimmermann, Werner: Gerhart Hauptmann. „Bahnwärter Thiel". – In: Werner Zimmermann: Deutsche Prosadichtungen der Gegenwart. Teil I. Düsseldorf: Schwann [4]1962, S. 39 ff.

Klassische Schullektüre

Georg Büchner,
Dantons Tod
Bearbeitet von Klaus Peter
und Ingeborg Radmehr
Schülerheft 121143 *Lehrerheft* 121151

Georg Büchner,
Woyzeck
Bearbeitet von Meinhard Gerdes,
Klaus Hesse und Niels Rüdiger
Schülerheft 520509 *Lehrerheft* 520606

Adelbert von Chamisso,
Peter Schlemihls wundersame Geschichte
Bearbeitet von Bernd Rosen
Schülerheft 521904 *Lehrerheft* 521955

Annette von Droste-Hülshoff,
Die Judenbuche
Bearbeitet von Ekkehart Mittelberg
Schülerheft 522083 *Lehrerheft* 522091

Günter Eich,
Träume
Bearbeitet von Klaus Klöckner
Schülerheft 121305 *Lehrer*heft 121313

Joseph von Eichendorff,
Das Schloss Dürande
Bearbeitet von Ursula
und Reinhard Schreyer
Schülerheft 521106 *Lehrer*heft 521157

Theodor Fontane,
Unterm Birnbaum
Bearbeitet von Ilse Keseling
Schülerheft 520908 *Lehrerheft* 520959

Johann Wolfgang Goethe,
Faust I
Bearbeitet von Erdmute Pickerodt-Uthleb und Gerhart Pickerodt
Schülerheft 522032 *Lehrerheft* 522040

Johann Wolfgang Goethe,
Götz von Berlichingen
Bearbeitet von Heinz-Joachim Schüßler
Schülerheft 121321 *Lehrerheft* 121330

Johann Wolfgang Goethe,
Die Leiden des jungen Werthers
Bearbeitet von Herbert Fuchs
Schülerheft 121186 *Lehrerheft* 121194

Gerhart Hauptmann,
Bahnwärter Thiel
Bearbeitet von Dieter Seiffert
und Georg Völker
Schülerheft 522005 *Lehrerheft* 522056

Gerhart Hauptmann,
Der Biberpelz
Bearbeitet von Dieter Ernst,
Christoph Fellner v. Feldegg
und Jörg Isenbiel
Schülerheft 520703 *Lehrerheft* 520800

Gerhart Hauptmann, Die Weber
Bearbeitet von Karl-Ewald Tietz
und Gunnar Müller-Waldeck
Schülerheft 121224 *Lehrerheft* 121232

E.T.A. Hoffmann,
Das Fräulein von Scuderi
Bearbeitet von Ekkehart Mittelberg
und Dieter Seiffert
Schülerheft 121240 *Lehrerheft* 121267

Henrik Ibsen,
Nora oder Ein Puppenheim
Bearbeitet von J. Hintze/W. Kreß
Schülerheft 121100 *Lehrerheft* 121119

Franz Kafka,
Die Verwandlung
Bearbeitet von Herbert Fuchs
und Dieter Seiffert
Schülerheft 121160 *Lehrerheft* 121178

Georg Kaiser, Gas I
Bearbeitet von Wolfgang Kreß
Schülerheft 521408 *Lehrerheft* 521459

Gottfried Keller,
Kleider machen Leute
Bearbeitet von Herbert Fuchs
und Dieter Seiffert
Schülerheft 520304 *Lehrerheft* 520401